El Kybalion

Three Initiates

PAGES PLANET PUBLISHING

Published by

PAGES PLANET PUBLISHING

Email: pagesplanetpublishing@gmail.com

First published by Pages Planet Publishing in 2024

INTRODUCCIÓN

Tenemos el gran placer de presentar a la atención de los estudiantes e investigadores de las Doctrinas Secretas esta pequeña obra basada en las Enseñanzas Herméticas de la antigüedad mundial. Se ha escrito tan poco sobre este tema, a pesar de las innumerables referencias a las Enseñanzas en las muchas obras sobre ocultismo, que los muchos buscadores serios de las Verdades Arcas sin duda acogerán con agrado la aparición de este volumen.

El propósito de este trabajo no es la enunciación de ninguna filosofía o doctrina especial, sino más bien dar a los estudiantes una declaración de la Verdad que servirá para reconciliar los muchos fragmentos de conocimiento oculto que pueden haber adquirido, pero que aparentemente son opuestos entre sí y que a menudo sirven para desanimar y disgustar al principiante en el estudio. Nuestra intención no es erigir un nuevo Templo del Conocimiento, sino más bien colocar en las manos del estudiante una Llave Maestra con la que pueda abrir las muchas puertas interiores del Templo del Misterio a través de los portales principales por los que ya ha entrado.

No hay porción de las enseñanzas ocultas que posea el mundo que haya sido tan celosamente guardada como los fragmentos de las Enseñanzas Herméticas que han llegado hasta nosotros a lo largo de las decenas de siglos que han transcurrido desde la vida de su gran fundador, Hermes Trismegisto, el "escriba de los dioses", que habitó en el antiguo Egipto en los días en que la actual raza humana estaba en su infancia. Contemporáneo de Abraham y, si las leyendas son ciertas, instructor de ese venerable sabio, Hermes fue y es el Gran Sol Central del Ocultismo, cuyos rayos han servido para iluminar las innumerables enseñanzas que se han promulgado desde su tiempo. Todas las enseñanzas fundamentales y básicas incrustadas en las enseñanzas esotéricas de todas las razas se remontan a Hermes. Incluso las enseñanzas más antiguas de la India tienen indudablemente sus raíces en las enseñanzas herméticas originales.

Desde la tierra del Ganges, muchos ocultistas avanzados vagaron hasta la tierra de Egipto y se sentaron a los pies del Maestro. De él obtuvieron la Llave Maestra que explicaba y reconciliaba sus puntos de vista divergentes, y así la Doctrina Secreta quedó firmemente establecida. De otras tierras vinieron también los eruditos, todos los cuales consideraban a Hermes como el Maestro de Maestros, y su influencia fue tan grande que, a pesar de los muchos desvíos del camino por parte de los siglos de maestros en estas diferentes tierras, todavía se puede encontrar una cierta semejanza y correspondencia básicas que subyacen en las muchas y a menudo divergentes teorías entretenidas y enseñadas por los ocultistas de estas diferentes tierras. tierras en la actualidad. El estudiante de Religiones Comparadas podrá percibir la influencia de las Enseñanzas Herméticas en todas las religiones dignas de este nombre, ahora conocidas por el hombre, ya sea una religión muerta o una en pleno vigor en nuestros propios tiempos. Siempre hay cierta correspondencia a pesar de las características contradictorias, y las Enseñanzas Herméticas actúan como el Gran Reconciliador.

La obra de la vida de Hermes parece haber ido en la dirección de plantar la gran Semilla-Verdad que ha crecido y florecido en tantas formas extrañas, más que en establecer una escuela de filosofía que dominaría el pensamiento del mundo. Pero, sin embargo, las verdades originales enseñadas por él han sido mantenidas intactas en su pureza original por unos pocos hombres en cada época, quienes, rechazando un gran número de estudiantes y seguidores a medio desarrollar, siguieron la costumbre hermética y reservaron su verdad para los pocos que estaban dispuestos a comprenderla y dominarla. De labios a oídos, la verdad ha sido transmitida entre unos pocos. Siempre ha habido unos pocos Iniciados en cada generación, en las diversas tierras de la tierra, que mantuvieron viva la llama sagrada de las Enseñanzas Herméticas, y siempre han estado dispuestos a usar sus lámparas para volver a encender las lámparas menores del mundo exterior, cuando la luz de la verdad se oscurecía y se nublaba a causa del abandono. y cuando las mechas se obstruyeron con materia extraña. Siempre había unos pocos que cuidaban fielmente el altar de la Verdad, sobre el cual se mantenía encendida la Lámpara Perpetua de la Sabiduría. Estos hombres dedicaron su vida a la obra de amor que el poeta ha expresado tan bien en sus versos:

"¡Oh, que no se apague la llama! Apreciado por los siglos de los siglos, en su oscura caverna, en sus santos templos. Alimentados por ministros puros de amor, ¡que no se apague la llama!"

Estos hombres nunca han buscado la aprobación popular, ni el número de seguidores. Son indiferentes a estas cosas, porque saben cuán pocos hay en cada generación que están listos para la verdad, o que la reconocerían si se les presentara. Reservan la "carne fuerte para los hombres", mientras que otros suministran la "leche para los niños". Reservan sus perlas de sabiduría para los pocos elegidos, que reconocen su valor y las llevan en sus coronas, en lugar de arrojarlas ante los cerdos vulgares materialistas, que las pisotearían en el barro y las mezclarían con su repugnante alimento mental. Pero aún así, estos hombres nunca han olvidado o pasado por alto las enseñanzas originales de Hermes, en cuanto a la transmisión de las palabras de la verdad a aquellos que están listos para recibirla, enseñanza que se expresa en El Kybalion de la siguiente manera: "Donde caen los pasos del Maestro, los oídos de aquellos listos para su Enseñanza se abren de par en par". Y otra vez: "Cuando los oídos del estudiante están listos para oír, entonces vienen los labios para llenarlos de sabiduría". Pero su actitud habitual siempre ha estado estrictamente de acuerdo con el otro aforismo hermético, también en El Kybalion: "Los labios de la Sabiduría están cerrados, excepto a los oídos del Entendimiento".

Hay quienes han criticado esta actitud de los hermetistas, y han afirmado que no manifestaron el espíritu adecuado en su política de reclusión y reticencia. Pero una mirada retrospectiva a las páginas de la historia mostrará la sabiduría de los Maestros, que conocieron la locura de intentar enseñar al mundo lo que no estaba listo ni dispuesto a recibir. Los hermetistas nunca han buscado ser mártires, y en lugar de eso, se han sentado en silencio con una sonrisa compasiva en sus labios cerrados, mientras los "paganos se enfurecían ruidosamente a su alrededor" en su acostumbrada diversión de matar y torturar a los entusiastas honestos pero equivocados que imaginaban que podían imponer a una raza de bárbaros la verdad capaz de ser comprendida sólo por los elegidos que habían avanzado a lo largo del Sendero.

Y el espíritu de persecución aún no se ha extinguido en la tierra. Hay ciertas Enseñanzas Herméticas que, si se promulgaran públicamente, harían descender sobre los maestros un gran grito de desprecio y vilipendio de la multitud, que de nuevo elevaría el grito de "¡Crucifícalo! Crucifícalo".

En este pequeño trabajo nos hemos esforzado por daros una idea de las enseñanzas fundamentales de El Kybalion, esforzándonos por daros los Principios de funcionamiento, dejándoos que lo apliquéis vosotros mismos, en lugar de intentar elaborar la enseñanza en detalle. Si eres un verdadero estudiante, serás capaz de elaborar y aplicar estos Principios; si no, entonces debes convertirte en uno, porque de lo contrario, las Enseñanzas Herméticas serán como "palabras, palabras, palabras" para ti.

CAPÍTULO I

LA FILOSOFÍA HERMÉTICA

"Los labios de la sabiduría están cerrados, excepto para los oídos del Entendimiento" (El Kybalion).

Del antiguo Egipto han venido las enseñanzas esotéricas y ocultas fundamentales que han influido tan fuertemente en las filosofías de todas las razas, naciones y pueblos, durante varios miles de años. Egipto, el hogar de las Pirámides y la Esfinge, fue el lugar de nacimiento de la Sabiduría Oculta y las Enseñanzas Místicas. De su Doctrina Secreta han tomado prestado todas las naciones. La India, Persia, Caldea, Medea, China, Japón, Asiria, la antigua Grecia y Roma, y otros países antiguos participaban liberalmente en el festín del conocimiento que los Hierofantes y Maestros de la Tierra de Isis tan libremente proporcionaban a los que venían preparados para participar de la gran reserva de Sabiduría Mística y Oculta que los cerebros de esa antigua tierra habían reunido.

En el antiguo Egipto vivieron los grandes Adeptos y Maestros que nunca han sido superados, y que rara vez han sido igualados, durante los siglos que han tomado su vuelo procesional desde los días del Gran Hermes. En Egipto se ubicó la Gran Logia de las Logias de los Místicos. A las puertas de sus Templos entraban los Neófitos que más tarde, como Hierofantes, Adeptos y Maestros, viajaban a los cuatro rincones de la tierra, llevando consigo el precioso conocimiento que estaban listos, ansiosos y dispuestos a transmitir a aquellos que estaban listos para recibirlo. Todos los estudiantes de Ocultismo reconocen la deuda que tienen con estos venerables Maestros de esa antigua tierra.

Pero entre estos grandes Maestros del Antiguo Egipto habitó una vez uno de los cuales los Maestros aclamaron como "El Maestro de Maestros". Este hombre, si es que era un "hombre", habitó en Egipto en los primeros días. Era conocido como Hermes Trismegisto. Fue el padre de la Sabiduría Oculta; el fundador de la Astrología; el descubridor de la Alquimia. Los detalles de la historia de su vida se han perdido en la historia, debido al paso de los años, aunque varios de los países antiguos disputaron entre sí en sus reclamaciones al honor de haber amueblado su lugar de nacimiento, y esto hace miles de años. La fecha de su estadía en Egipto, es decir, su última encarnación en este planeta, no se conoce ahora, pero se ha fijado en los primeros días de las dinastías más antiguas de Egipto, mucho antes de los días de Moisés. Las mejores autoridades lo consideran contemporáneo de Abraham, y algunas de las tradiciones judías van tan lejos como para afirmar que Abraham adquirió una parte de su conocimiento místico del mismo Hermes.

A medida que pasaban los años después de su paso de este plano de vida (la tradición registra que vivió trescientos años en la carne), los egipcios deificaron a Hermes y lo convirtieron en uno de sus dioses, bajo el nombre de Thoth. Años después, la gente de la antigua Grecia también lo convirtió en uno de sus muchos dioses, llamándolo "Hermes, el dios de la Sabiduría". Los egipcios reverenciaron su memoria durante muchos siglos, sí, decenas de siglos, llamándolo "el Escriba de los Dioses" y otorgándole su antiguo título, "Trismegisto", que significa "el tres veces grande"; "el tatara-tatara"; "el más grande-grande"; etcetera. En todas las tierras antiguas, el nombre de Hermes Trismegisto era venerado, siendo el nombre sinónimo de la "Fuente de la Sabiduría".

Incluso hasta el día de hoy, usamos el término "hermético" en el sentido de "secreto"; "sellados para que nada pueda escapar"; etc., y esto por el hecho de que los seguidores de Hermes siempre observaron el principio del secreto en sus enseñanzas. No creían en "echar perlas a los cerdos", sino que se aferraban a la enseñanza de "leche para niños"; "Carne para hombres fuertes", ambas máximas que son familiares para los lectores de las Escrituras cristianas, pero ambas habían sido utilizadas por los egipcios durante siglos antes de la era cristiana.

Y esta política de cuidadosa difusión de la verdad siempre ha caracterizado a los herméticos, incluso hasta el día de hoy. Las Enseñanzas Herméticas se encuentran en todos los países, en todas las religiones, pero nunca se identifican con ningún país en particular, ni con ninguna secta religiosa en particular. Esto se debe a la advertencia de los antiguos maestros en contra de permitir que la Doctrina Secreta se cristalizara en un credo. La sabiduría de esta precaución es evidente para todos los estudiantes de historia. El antiguo ocultismo de la India y Persia degeneró, y se perdió en gran parte, debido al hecho de que los maestros se convirtieron en sacerdotes, y así mezclaron la teología con la filosofía, el resultado es que el ocultismo de la India y Persia se ha perdido gradualmente en medio de la masa de supersticiones religiosas, cultos, credos y "dioses". Así fue con la antigua Grecia y Roma. Lo mismo sucedió con las enseñanzas herméticas de los gnósticos y de los primeros cristianos, que se perdieron en la época de Constantino, cuya mano de hierro cubrió la filosofía con el manto de la teología, perdiendo para la Iglesia cristiana lo que era su misma esencia y espíritu, y haciéndola andar a tientas a lo largo de varios siglos antes de encontrar el camino de regreso a su antigua fe. las indicaciones evidentes para todos los observadores cuidadosos en este siglo XX son que la Iglesia está ahora luchando por volver a sus antiguas enseñanzas místicas.

Pero siempre había unas pocas almas fieles que mantenían viva la Llama, cuidándola cuidadosamente y no permitiendo que su luz se extinguiera. Y gracias a estos corazones firmes y mentes intrépidas, todavía tenemos la verdad con nosotros. Pero no se encuentra en los libros, en gran medida. Se ha transmitido de Maestro a Alumno; de Iniciado a Hierofante; Del labio a la oreja. Cuando se escribió, su significado se veló en términos de alquimia y astrología para que solo aquellos que poseían la clave pudieran leerla correctamente. Esto se hizo necesario para evitar las persecuciones de los teólogos de la Edad Media, que combatieron la Doctrina Secreta con fuego y espada; estaca, patíbulo y cruz. Hasta el día de hoy se encuentran muy pocos libros confiables sobre la filosofía hermética, aunque hay innumerables referencias a ella en muchos libros escritos sobre varias fases del ocultismo. ¡Y sin embargo, la Filosofía Hermética es la única Llave Maestra que abrirá todas las puertas de las Enseñanzas Ocultas!

En los primeros días, hubo una compilación de ciertas Doctrinas Herméticas Básicas, transmitidas de maestro a alumno, que se conoció como "EL KYBALION", habiendo perdido el significado exacto del término durante varios siglos. Esta enseñanza, sin embargo, es conocida por muchos a quienes ha descendido, de boca a oído, una y otra vez a lo largo de los siglos. Sus preceptos nunca han sido escritos, ni impresos, hasta donde sabemos. No era más que una colección de máximas, axiomas y preceptos, que eran incomprensibles para los extraños, pero que eran fácilmente comprendidos por los estudiantes, después de que los axiomas, máximas y preceptos habían sido explicados y ejemplificados por los iniciados herméticos a sus neófitos. Estas enseñanzas constituían realmente los principios básicos del "Arte de la Alquimia Hermética", que, contrariamente a la creencia general, trataba del dominio de las Fuerzas Mentales, más que de los Elementos Materiales, de la Transmutación de una clase de Vibraciones Mentales en otras, en lugar de la transformación de una clase de metal en otra. Las leyendas de la "Piedra Filosofal" que convertiría el metal vil en Oro, era una alegoría relacionada con la Filosofía Hermética, fácilmente comprensible por todos los estudiantes del verdadero Hermetismo.

En este librito, del cual ésta es la Primera Lección, invitamos a nuestros alumnos a examinar las Enseñanzas Herméticas, tal como se exponen en EL KYBALION, y tal como las explicamos nosotros, humildes estudiantes de las Enseñanzas, que, aunque llevan el título de Iniciados, son todavía estudiantes a los pies de Hermes, el Maestro. Aquí les damos muchas de las máximas, axiomas y preceptos de EL KYBALION, acompañados de explicaciones e ilustraciones que estimamos probables para hacer las enseñanzas más fácilmente comprensibles para el estudiante moderno, particularmente porque el texto original está deliberadamente velado en términos oscuros.

Las máximas, axiomas y preceptos originales de EL KYBALION están impresos aquí, en cursiva, dándose el crédito apropiado. Nuestro propio trabajo se imprime de la manera regular, en el cuerpo de la obra. Confiamos en que los muchos estudiantes a quienes ahora ofrecemos esta pequeña obra obtendrán tanto beneficio del estudio de sus páginas como lo han hecho los muchos que han ido antes, recorriendo el mismo Sendero a la Maestría a través de los siglos que han pasado desde los tiempos de Hermes Trismegisto, el Maestro de Maestros, el Gran-Grande. En palabras de "EL KYBALION":

"Donde caen los pasos del Maestro, los oídos de aquellos que están listos para su Enseñanza se abren de par en par." —El Kybalion.

"Cuando los oídos del estudiante están listos para oír, entonces vienen los labios para llenarlos de sabiduría". —El Kybalion.

De modo que, de acuerdo con las Enseñanzas, el paso de este libro a aquellos que están listos para la instrucción atraerá la atención de aquellos que están preparados para recibir la Enseñanza. Y, del mismo modo, cuando el alumno esté listo para recibir la verdad, entonces este pequeño libro llegará a él o a ella. Tal es La Ley. El Principio Hermético de Causa y Efecto, en su aspecto de La Ley de la Atracción, unirá los labios y el oído, el alumno y el libro en compañía. ¡Que así sea!

CAPÍTULO II

LOS SIETE PRINCIPIOS HERMÉTICOS

"Los Principios de la Verdad son Siete; aquel que conoce estos, comprensivamente, posee la Llave Mágica ante cuyo toque se abren todas las Puertas del Templo." —El Kybalion.

Los Siete Principios Herméticos, en los que se basa toda la Filosofía Hermética, son los siguientes:

1. El principio del mentalismo. 2. El principio de correspondencia. 3. El principio de vibración. 4. El principio de polaridad. 5. El principio del ritmo. 6. El principio de causa y efecto. 7. El principio de género.

Estos Siete Principios serán discutidos y explicados a medida que avancemos con estas lecciones. Sin embargo, en este punto también se puede dar una breve explicación de cada uno.

1. El principio del mentalismo

"EL TODO ES MENTE; El Universo es Mental". —El Kybalion.

Este Principio encarna la verdad de que "Todo es Mente". Explica que EL TODO (que es la Realidad Sustancial que subyace a todas las manifestaciones y apariencias externas que conocemos bajo los términos de "El Universo Material"; los "Fenómenos de la Vida"; "Materia"; "Energía"; y, en resumen, todo lo que es aparente a nuestros sentidos materiales) es ESPÍRITU que en sí mismo es INCOGNOSCIBLE e INDEFINIBLE, pero que puede ser considerado y pensado como UNA MENTE UNIVERSAL, INFINITA Y VIVIENTE. También explica que todo el mundo o universo fenoménico es simplemente una Creación Mental de EL TODO, sujeta a las Leyes de las Cosas Creadas, y que el universo, como un todo, y en sus partes o unidades, tiene su existencia en la Mente de EL TODO, en cuya Mente "vivimos, nos movemos y tenemos nuestro ser". Este Principio, al establecer la Naturaleza Mental del Universo, explica fácilmente todos los variados fenómenos mentales y psíquicos que ocupan una porción tan grande de la atención pública, y que, sin tal explicación, son incomprensibles y desafían el tratamiento científico. La comprensión de este gran Principio Hermético del Mentalismo permite al individuo comprender fácilmente las leyes del

Universo Mental y aplicarlas a su bienestar y progreso. El estudiante hermético está capacitado para aplicar inteligentemente las grandes leyes mentales, en lugar de usarlas al azar. Con la Llave Maestra en su poder, el estudiante puede abrir las muchas puertas del templo mental y psíquico del conocimiento, y entrar en el mismo libre e inteligentemente. Este Principio explica la verdadera naturaleza de la "Energía", el "Poder" y la "Materia", y por qué y cómo todos ellos están subordinados al Dominio de la Mente. Uno de los antiguos Maestros Herméticos escribió, hace mucho tiempo: "Aquel que capta la verdad de la Naturaleza Mental del Universo está muy avanzado en el Camino a la Maestría". Y estas palabras son tan verdaderas hoy como en el momento en que fueron escritas por primera vez. Sin esta Llave Maestra, la Maestría es imposible, y el estudiante llama en vano a las muchas puertas del Templo.

2. El principio de correspondencia

"Como es arriba, es abajo; como es abajo, es arriba". —El Kybalion.

Este Principio encarna la verdad de que siempre hay una Correspondencia entre las leyes y los fenómenos de los diversos planos del Ser y de la Vida. El viejo axioma hermético decía así: "Como es arriba, es abajo; como es abajo, es arriba". Y la comprensión de este principio le da a uno los medios para resolver muchas paradojas oscuras y secretos ocultos de la naturaleza. Hay planos más allá de nuestro conocimiento, pero cuando aplicamos el Principio de Correspondencia a ellos, somos capaces de comprender mucho que de otro modo sería incognoscible para nosotros. Este Principio es de aplicación y manifestación universal, en los diversos planos del universo material, mental y espiritual, es una Ley Universal. Los antiguos hermetistas consideraban este principio como uno de los instrumentos mentales más importantes mediante los cuales el hombre era capaz de apartar los obstáculos que ocultaban a la vista lo desconocido. Su uso incluso rasgó el Velo de Isis hasta el punto de que se podía vislumbrar el rostro de la diosa. Así como el conocimiento de los Principios de la Geometría permite al hombre medir soles distantes y sus movimientos, mientras está sentado en su observatorio, así también el conocimiento del Principio de Correspondencia permite al Hombre razonar inteligentemente de lo Conocido a lo Desconocido. Estudiando la mónada, comprende al arcángel.

3. El principio de la vibración

"Nada descansa; todo se mueve; todo vibra". —El Kybalion.

Este Principio encarna la verdad de que "todo está en movimiento"; "todo vibra"; "Nada está en reposo"; hechos que la Ciencia Moderna avala, y que cada nuevo descubrimiento científico tiende a verificar. Y, sin embargo, este Principio Hermético fue enunciado hace miles de años por los Maestros del Antiguo Egipto. Este Principio explica que las diferencias entre las diferentes manifestaciones de la Materia, la Energía, la Mente e incluso el Espíritu, son en gran medida el resultado de las diferentes tasas de Vibración. Desde EL TODO, que es el Espíritu Puro, hasta la forma más grosera de la Materia, todo está en vibración: cuanto más alta es la vibración, más alta es la posición en la escala. La vibración del Espíritu está a una tasa tan infinita de intensidad y rapidez que está prácticamente en reposo, tal como una rueda que se mueve rápidamente parece estar inmóvil. Y en el otro extremo de la escala, están las formas groseras de la materia cuyas vibraciones son tan bajas que parecen estar en reposo. Entre estos polos, hay millones y millones de diversos grados de vibración. Desde el corpúsculo y el electrón, el átomo y la molécula, hasta los mundos y universos, todo está en movimiento vibratorio. Esto también es cierto en los planos de energía y fuerza (que no son más que grados variables de vibración); y también en los planos mentales (cuyos estados dependen de las vibraciones); e incluso en los planos espirituales. La comprensión de este principio, con las fórmulas apropiadas, permite a los estudiantes herméticos controlar sus propias vibraciones mentales, así como las de los demás. Los Maestros también aplican este Principio a la conquista de los fenómenos naturales, de diversas maneras. "Aquel que comprende el Principio de Vibración, ha agarrado el cetro del poder", dice uno de los escritores antiguos.

4. El principio de polaridad

"Todo es dual; todo tiene polos; Todo tiene su par de opuestos; lo semejante y lo diferente son lo mismo; Los opuestos son idénticos en naturaleza, pero diferentes en grado; los extremos se encuentran; Todas las verdades no son más que medias verdades; Todas las paradojas pueden ser reconciliadas". —El Kybalion.

Este Principio encarna la verdad de que "todo es dual"; "Todo tiene dos polos"; "todo tiene su par de opuestos", todos los cuales eran viejos axiomas herméticos. Explica las viejas paradojas, que han dejado perplejos a tantos, que se han enunciado de la siguiente manera: "La tesis y la antítesis son idénticas en naturaleza, pero diferentes en grado"; "los opuestos son lo mismo, diferenciándose sólo en grado"; "los pares de opuestos pueden reconciliarse"; "Los extremos se encuentran"; "todo es y no es, al mismo tiempo"; "todas las verdades no son más que medias verdades"; "toda verdad es falsa a medias"; "Todo tiene dos caras", etc., etc., etc. Explica que en todo hay dos polos, o aspectos opuestos, y que los "opuestos" son en realidad sólo los dos extremos de la misma cosa, con muchos grados variables entre ellos. A modo de ejemplo: el calor y el frío, aunque sean "opuestos", son en realidad la misma cosa, y las diferencias consisten simplemente en grados de la misma cosa. Mire su termómetro y vea si puede descubrir dónde termina el "calor" y comienza el "frío". No existe tal cosa como "calor absoluto" o "frío absoluto": los dos términos "calor" y "frío" simplemente indican diversos grados de la misma cosa, y esa "misma cosa" que se manifiesta como "calor" y "frío" es simplemente una forma, variedad y tasa de vibración. De modo que el "calor" y el "frío" son simplemente los "dos polos" de lo que llamamos "calor", y los fenómenos que los acompañan son manifestaciones del Principio de Polaridad. El mismo principio se manifiesta en el caso de la "luz y las tinieblas", que son la misma cosa, la diferencia consiste en diversos grados entre los dos polos de los fenómenos. ¿Dónde termina la "oscuridad" y comienza la "luz"? ¿Cuál es la diferencia entre "Grande y Pequeño"? ¿Entre "duro y blando"? ¿Entre "Blanco y Negro"? ¿Entre "agudo y sordo"? ¿Entre "ruido y silencio"? ¿Entre "alto y bajo"? ¿Entre "positivo y negativo"? El Principio de Polaridad explica estas paradojas, y ningún otro Principio puede reemplazarlo. El mismo Principio opera en el Plano Mental. Tomemos un ejemplo radical y extremo: el del "Amor y el Odio", dos estados mentales aparentemente totalmente diferentes. Y, sin embargo, hay grados de Odio y grados de Amor, y un punto medio en el que usamos los términos "Me gusta o Disgusto", que se matizan unos a otros tan gradualmente que a veces no sabemos si nos "gusta" o "nos disgusta" o "ninguno de los dos". Y todos son simplemente grados de la misma cosa, como veréis si pensáis un momento. Y, más que esto (y considerado de mayor importancia por los hermetistas), es posible cambiar las vibraciones del Odio por las vibraciones del Amor, en la propia mente y en la mente de los demás. Muchos de ustedes, que leen estas líneas, han tenido experiencias personales de la rápida transición involuntaria del Amor al Odio, y al revés, en su propio caso y en el de los demás. Y, por lo tanto, comprenderéis la posibilidad de que esto se logre mediante el uso de la Voluntad, por medio de las fórmulas herméticas. El Bien y el Mal no son más que los polos de la misma cosa, y el Hermetista comprende el arte de transmutar el Mal en Bien, por medio de la aplicación del Principio de Polaridad. En resumen, el "Arte de la Polarización" se convierte en una fase de la "Alquimia Mental" conocida y practicada por los antiguos y modernos Maestros Herméticos. La comprensión del principio le permitirá a uno cambiar su propia Polaridad, así como la de los demás, si dedica el tiempo y el estudio necesarios para dominar el arte.

5. El principio del ritmo

"Todo fluye, de ida y vuelta; todo tiene sus mareas; todas las cosas suben y bajan; la oscilación del péndulo se manifiesta en todo; la medida del balanceo a la derecha es la medida del balanceo a la izquierda; el ritmo compensa". —El Kybalion.

Este Principio encarna la verdad de que en todo se manifiesta un movimiento medido, de un lado a otro; un flujo y un flujo de entrada; un balanceo hacia atrás y hacia adelante; un movimiento pendular; un flujo y reflujo similar al de una marea; una marea alta y una marea baja; entre los dos polos que existen de acuerdo con el Principio de Polaridad descrito hace un momento. Siempre hay una acción y una reacción; un avance y un retroceso; un ascenso y un hundimiento. Esto es en los asuntos del Universo, los soles, los mundos, los hombres, los animales, la mente, la energía y la materia. Esta ley se manifiesta en la creación y destrucción de mundos; en el ascenso y la caída de las naciones; en la vida de todas las cosas; y, finalmente, en los estados mentales del hombre (y es en este último en el que los hermetistas consideran más importante la comprensión del Principio). Los hermetistas han captado este principio, encontrando su aplicación universal, y también han descubierto ciertos medios para vencer sus efectos en sí mismos mediante el uso de las fórmulas y métodos apropiados. Aplican la Ley Mental de Neutralización. No pueden anular el Principio, ni hacer que cese su operación, pero han aprendido cómo escapar de sus efectos sobre sí mismos hasta cierto punto, dependiendo del Dominio del Principio. Han aprendido a USARLO, en lugar de ser UTILIZADOS por él. En este y otros métodos semejantes consiste el arte de los hermetistas. El Maestro de Hermética se polariza en el punto en que desea descansar, y luego neutraliza la oscilación rítmica del péndulo que tendería a llevarlo al otro polo. Todos los individuos que han alcanzado algún grado de Auto-Maestría lo hacen hasta cierto punto, más o menos inconscientemente, pero el Maestro lo hace conscientemente y mediante el uso de su Voluntad, y alcanza un grado de Equilibrio y Firmeza Mental casi imposible de creer por parte de las masas que se balancean hacia atrás y hacia adelante como un péndulo. Este Principio y el de la Polaridad han sido estudiados de cerca por los Hermetistas, y los métodos para contrarrestarlos, neutralizarlos y UTILIZARLOS forman una parte importante de la Alquimia Mental Hermética.

6. El principio de causa y efecto

"Toda Causa tiene su Efecto; todo Efecto tiene su Causa; todo sucede de acuerdo a la Ley; El azar no es más que un nombre para el Derecho no reconocido; hay muchos planos de causalidad, pero nada escapa a la Ley".
—El Kybalion.

Este Principio encarna el hecho de que hay una Causa para cada Efecto; un Efecto de cada Causa. Explica que: "Todo sucede de acuerdo a la ley"; que nada "simplemente sucede"; que no existe el Azar; que si bien hay varios planos de Causa y Efecto, el superior dominando los planos inferiores, nada escapa completamente a la Ley. Los hermetistas comprenden el arte y los métodos de elevarse por encima del plano ordinario de Causa y Efecto, hasta cierto punto, y al elevarse mentalmente a un plano superior se convierten en Casantes en lugar de Efectos. Las masas populares son arrastradas, obedientes al medio; las voluntades y deseos de otros más fuertes que ellos mismos; herencia; sugerencia; y otras causas externas que los mueven como peones en el tablero de ajedrez de la vida. Pero los Maestros, al ascender al plano superior, dominan sus estados de ánimo, caracteres, cualidades y poderes, así como el entorno que los rodea, y se convierten en Motores en lugar de peones. Ayudan a JUGAR EL JUEGO DE LA VIDA, en lugar de ser jugados y movidos por otras voluntades y entornos. Ellos USAN el Principio en lugar de ser sus herramientas. Los Maestros obedecen a la Causalidad de los planos superiores, pero ayudan a gobernar en su propio plano. En esta afirmación se condensa una riqueza de conocimiento hermético: que lea quien pueda.

7. El principio de género

"El género está en todo; todo tiene sus Principios Masculinos y Femeninos; El género se manifiesta en todos los planos". —El Kybalion.

Este Principio encarna la verdad de que hay GÉNERO manifestado en todo: los Principios Masculino y Femenino siempre en funcionamiento. Esto es cierto no sólo en el Plano Físico, sino también en el Plano Mental e incluso en el Plano Espiritual. En el Plano Físico, el Principio se manifiesta como SEXO, en los planos superiores toma formas superiores, pero el Principio es siempre el mismo. Ninguna creación, física, mental o espiritual, es posible sin este Principio. La comprensión de sus leyes arrojará luz sobre muchos temas que han dejado perplejas las mentes de los hombres. El Principio de Género trabaja siempre en la dirección de la generación, la regeneración y la creación. Todo, y cada persona, contiene los dos Elementos o Principios, o este gran Principio, dentro de él, él o ella. Toda cosa masculina tiene también el elemento femenino; cada Hembra contiene también el Principio Masculino. Si quieres entender la filosofía de la Creación, Generación y Regeneración Mental y Espiritual, debes entender y estudiar este Principio Hermético. Contiene la solución de muchos misterios de la Vida. Les advertimos que este Principio no se refiere a las muchas teorías, enseñanzas y prácticas lujuriosas básicas, perniciosas y degradantes, que se enseñan bajo títulos fantasiosos, y que son una prostitución del gran principio natural del Género. Tales viles resurgimientos de las antiguas e infames formas de falicismo tienden a arruinar la mente, el cuerpo y el alma, y la filosofía hermética siempre ha hecho sonar la nota de advertencia contra estas enseñanzas degradadas que tienden hacia la lujuria, el libertinaje y la perversión de los principios de la naturaleza. Si buscas tales enseñanzas, debes ir a otra parte en busca de ellas: el hermetismo no contiene nada para ti en este sentido. Para los puros, todas las cosas son puras; Para la base, todas las cosas son bajas.

CAPÍTULO III

TRANSMUTACIÓN MENTAL

"La mente (así como los metales y los elementos) puede transmutarse, de un estado a otro; grado a grado; condición a condición; de polo a polo; vibración a vibración. La verdadera transmutación hermética es un arte mental". —El Kybalion.

Como hemos dicho, los hermetistas fueron los primeros alquimistas, astrólogos y psicólogos, habiendo sido Hermes el fundador de estas escuelas de pensamiento. De la astrología ha surgido la astronomía moderna; De la alquimia ha surgido la química moderna; De la psicología mística ha surgido la psicología moderna de las escuelas. Pero no debe suponerse que los antiguos ignoraban lo que las escuelas modernas suponen que es su propiedad exclusiva y especial. Los registros grabados en las piedras del Antiguo Egipto muestran de manera concluyente que los antiguos tenían un conocimiento completo de la astronomía, y la construcción misma de las pirámides muestra la conexión entre su diseño y el estudio de la ciencia astronómica. Tampoco eran ignorantes de la Química, porque los fragmentos de los escritos antiguos muestran que estaban familiarizados con las propiedades químicas de las cosas; De hecho, las antiguas teorías sobre la física están siendo verificadas lentamente por los últimos descubrimientos de la ciencia moderna, en particular los relacionados con la constitución de la materia. No debe suponerse que ignoraban los llamados descubrimientos modernos de la psicología, por el contrario, los egipcios eran especialmente hábiles en la ciencia de la psicología, particularmente en las ramas que las escuelas modernas ignoran, pero que, sin embargo, se están descubriendo bajo el nombre de "ciencia psíquica", que está dejando perplejos a los psicólogos de hoy. y haciéndoles admitir a regañadientes que "después de todo, puede haber algo en ello".

La verdad es que, por debajo de la química material, la astronomía y la psicología (es decir, la psicología en su fase de "acción cerebral") los antiguos poseían un conocimiento de la astronomía trascendental, llamado astrología; de la química trascendental, llamada alquimia; de la psicología trascendental, llamada psicología mística. Poseían el Conocimiento Interno así como el Conocimiento Externo, siendo este último el único poseído por los científicos modernos. Entre las muchas ramas secretas del conocimiento que poseían los hermetistas, estaba la conocida como Transmutación Mental, que forma el tema de esta lección.

"Transmutación" es un término generalmente empleado para designar el antiguo arte de la transmutación de los metales, particularmente de los metales básicos en oro. La palabra "Transmutar" significa "cambiar de una naturaleza, forma o sustancia, a otra; transformar" (Webster). Y en consecuencia, "Transmutación Mental" significa el arte de cambiar y transformar estados, formas y condiciones mentales en otros. Así que puedes ver que la Transmutación Mental es el "Arte de la Química Mental", si te gusta el término, una forma de Psicología Mística práctica.

Pero esto significa mucho más de lo que parece a primera vista. La Transmutación, la Alquimia o la Química en el Plano Mental son lo suficientemente importantes en sus efectos, sin duda, y si el arte se detuviera allí, seguiría siendo una de las ramas de estudio más importantes conocidas por el hombre. Pero esto es solo el comienzo. ¡Veamos por qué!

El primero de los Siete Principios Herméticos es el Principio del Mentalismo, cuyo axioma es: "EL TODO es Mente; el Universo es Mental", lo que significa que la Realidad Subyacente del Universo es la Mente; y el Universo mismo es Mental, es decir, "existe en la Mente del TODO". Consideraremos este principio en lecciones subsiguientes, pero veamos el efecto del principio si se supone que es verdadero.

Si el Universo es Mental en su naturaleza, entonces la Transmutación Mental debe ser el arte de CAMBIAR LAS CONDICIONES DEL UNIVERSO, a lo largo de las líneas de la Materia, la Fuerza y la mente. Así que veis, por lo tanto, que la Transmutación Mental es realmente la "Magia" de la que el antiguo; Los escritores tenían tanto que decir en sus obras místicas, y sobre las que daban tan pocas instrucciones prácticas. Si todo es mental, entonces el arte que permite transmutar las condiciones mentales debe hacer del Maestro el controlador de las condiciones materiales, así como de las que ordinariamente se llaman "mentales".

De hecho, nadie, excepto los Alquimistas Mentales avanzados, ha sido capaz de alcanzar el grado de poder necesario para controlar las condiciones físicas más groseras, tales como el control de los elementos de la Naturaleza; la producción o el cese de las tempestades; la producción y el cese de terremotos y otros grandes fenómenos físicos. Pero que tales hombres han existido, y existen hoy en día, es una cuestión de seria creencia para todos los ocultistas avanzados de todas las escuelas. Que los Maestros existen, y tienen estos poderes, los mejores maestros aseguran a sus estudiantes, habiendo tenido experiencias que los justifican en tales creencias y declaraciones. Estos Maestros no hacen exhibiciones públicas de sus poderes, sino que buscan aislarse de las multitudes de hombres, con el fin de trabajar mejor su poder a lo largo del Sendero del Logro. Mencionamos su existencia, en este punto, simplemente para llamar su atención sobre el hecho de que su poder es enteramente Mental, y opera a lo largo de las líneas de la Transmutación Mental superior, bajo el Principio Hermético del Mentalismo.

"El Universo es Mental"—El Kybalion.

Pero los estudiantes y hermetistas de menor grado que los Maestros, los Iniciados y Maestros, pueden trabajar libremente a lo largo del Plano Mental, en la Transmutación Mental. De hecho, todo lo que llamamos "fenómenos psíquicos"; "influencia mental"; "ciencia mental"; Los "fenómenos del nuevo pensamiento", etc., operan según las mismas líneas generales, porque no hay más que un principio implicado, cualquiera que sea el nombre que se le dé a los fenómenos.

El estudiante y practicante de la Transmutación Mental trabaja en el Plano Mental, transmutando las condiciones mentales, estados, etc., en otros, según diversas fórmulas, más o menos eficaces. Los diversos "tratamientos", "afirmaciones", "negaciones", etc., de las escuelas de la ciencia mental no son más que fórmulas, a menudo completamente imperfectas y no científicas, del arte hermético. La mayoría de los practicantes modernos son bastante ignorantes en comparación con los maestros antiguos, porque carecen del conocimiento fundamental en el que se basa el trabajo.

No sólo pueden los estados mentales, etc., de uno mismo ser cambiados o transmutados por Métodos Herméticos; Pero también los estados de los demás pueden ser, y son, constantemente transmutados de la misma manera, generalmente inconscientemente, pero a menudo conscientemente por algún entendimiento de las leyes y principios, en casos en que las personas afectadas no están informadas de los principios de autoprotección. Y más que esto, como saben muchos estudiantes y practicantes de la ciencia mental moderna, toda condición material que dependa de las mentes de otras personas puede ser cambiada o transmutada de acuerdo con el deseo sincero, la voluntad y los "tratamientos" de la persona que desea condiciones de vida cambiadas. El público está tan generalmente informado acerca de estas cosas en la actualidad, que no consideramos necesario mencionarlas en detalle, siendo nuestro propósito en este punto simplemente mostrar el Principio Hermético y el Arte que subyace a todas estas diversas formas de práctica, el bien y el mal, porque la fuerza puede ser usada en direcciones opuestas de acuerdo con los Principios Herméticos de la Polaridad.

En este librito expondremos los principios básicos de la Transmutación Mental, para que todos los que lean puedan comprender los Principios Subyacentes, y así poseer la Llave Maestra que abrirá las muchas puertas del Principio de Polaridad.

Procederemos ahora a considerar el primero de los Siete Principios Herméticos, el Principio del Mentalismo, en el que se explica la verdad de que "EL TODO es Mente; el Universo es Mental", en palabras de El Kybalion. Pedimos la atención atenta y el estudio cuidadoso de este gran principio por parte de nuestros estudiantes, porque es realmente el principio básico de toda la filosofía hermética y del arte hermético de la transmutación mental.

CAPÍTULO IV

EL TODO

"Debajo y detrás del Universo del Tiempo, el Espacio y el Cambio, se encuentra siempre La Realidad Sustancial, la Verdad Fundamental". —El Kybalion.

"Sustancia" significa: "lo que subyace a todas las manifestaciones externas; la esencia; la realidad esencial; la cosa en sí", etc. "Substancial" significa: "realmente existente; siendo el elemento esencial; ser real", etc. "Realidad" significa: "el estado de ser real; verdadero, perdurable; válido; fijo; permanente; real", etc.

Debajo y detrás de todas las apariencias o manifestaciones externas, siempre debe haber una Realidad Substancial. Esta es la Ley. El hombre que considera el Universo, del cual es una unidad, no ve nada más que cambios en la materia, las fuerzas y los estados mentales. Ve que nada realmente ES, sino que todo se está CONVIRTIENDO y CAMBIANDO. Nada se detiene, todo nace, crece, muere, en el mismo instante en que una cosa alcanza su altura, comienza a declinar, la ley del ritmo está en constante funcionamiento, no hay realidad, cualidad duradera, fijeza o sustancialidad en nada, nada es permanente excepto el Cambio. Ve todas las cosas que evolucionan a partir de otras cosas y se resuelven en otras cosas: acción y reacción constantes; entrada y salida; edificar y derribar; creación y destrucción; nacimiento, crecimiento y muerte. Nada perdura excepto el cambio. Y si es un hombre pensante, se da cuenta de que todas estas cosas cambiantes no deben ser más que apariencias externas o manifestaciones de algún Poder Subyacente, alguna Realidad Substancial.

Todos los pensadores, en todos los países y en todos los tiempos, han asumido la necesidad de postular la existencia de esta Realidad Substancial. Todas las filosofías dignas de este nombre se han basado en este pensamiento. Los hombres han dado a esta Realidad Substancial muchos nombres, algunos la han llamado por el término de Deidad (bajo muchos títulos). Otros la han llamado "La Energía Infinita y Eterna", otros han tratado de llamarla "Materia", pero todos han reconocido su existencia. Es evidente, no necesita argumentos.

En estas lecciones hemos seguido el ejemplo de algunos de los más grandes pensadores del mundo, tanto antiguos como modernos: el hermético. Maestros, y hemos llamado a este Poder Subyacente, a esta Realidad Substancial, con el nombre hermético de "EL TODO", término que consideramos el más completo de los muchos términos aplicados por el Hombre a AQUELLO que trasciende los nombres y los términos.

Aceptamos y enseñamos el punto de vista de los grandes pensadores herméticos de todos los tiempos, así como de aquellas almas iluminadas que han alcanzado planos superiores de ser, quienes afirman que la naturaleza interna del TODO es INCOGNOSCIBLE. Esto debe ser así, porque nada por EL TODO mismo puede comprender su propia naturaleza y ser.

Los hermetistas creen y enseñan que EL TODO, "en sí mismo", es y debe ser siempre INCOGNOSCIBLE. Consideran todas las teorías, conjeturas y especulaciones de los teólogos y metafísicos acerca de la naturaleza interna del Todo, como los esfuerzos infantiles de las mentes mortales para captar el secreto del Infinito. Tales esfuerzos siempre han fracasado y siempre fracasarán, por la naturaleza misma de la tarea. Quien persigue tales indagaciones da vueltas y vueltas en el laberinto del pensamiento, hasta que se pierde de todo razonamiento, acción o conducta sana, y queda completamente incapacitado para la obra de la vida. Es como la ardilla que corre frenéticamente alrededor de la rueda de su jaula, viajando siempre y sin llegar a ninguna parte, al final todavía prisionero, y de pie justo donde comenzó.

Y aún más presuntuosos son aquellos que tratan de atribuir a TODO la personalidad, cualidades, propiedades, características y atributos de sí mismos, atribuyendo a TODO las emociones, sentimientos y características humanas, incluso hasta las cualidades más insignificantes de la humanidad, como los celos, la susceptibilidad a la adulación y la alabanza, el deseo de ofrendas y adoración, y todas las demás supervivencias de los días de la infancia de la raza. Tales ideas no son dignas de hombres y mujeres adultos, y están siendo rápidamente descartadas.

(Llegados a este punto, puede ser apropiado que yo diga que hacemos una distinción entre Religión y Teología, entre Filosofía y Metafísica. La religión, para nosotros, significa esa comprensión intuitiva de la existencia del TODO, y la relación de uno con él; mientras que la Teología se refiere a los intentos de los hombres por atribuirle personalidad, cualidades y características; sus teorías sobre sus asuntos, voluntad, deseos, planes y designios, y su asunción del oficio de "intermediarios" entre EL TODO y el pueblo. La filosofía, para nosotros, significa la indagación del conocimiento de las cosas cognoscibles y pensables; mientras que la Metafísica significa el intento de llevar la investigación más allá de los límites y hacia regiones incognoscibles e impensables, y con la misma tendencia que la de la Teología. Y, en consecuencia, tanto la Religión como la Filosofía significan para nosotros cosas que tienen sus raíces en la Realidad, mientras que la Teología y la Metafísica parecen cañas rotas, enraizadas en las arenas movedizas de la ignorancia, y que no ofrecen más que el apoyo más inseguro para la mente o el alma del Hombre. No insistimos en que nuestros estudiantes acepten estas definiciones, las mencionamos simplemente para mostrar nuestra posición. De todos modos, en estas lecciones oirás muy poco acerca de Teología y Metafísica.)

Pero mientras que la naturaleza esencial del TODO es Incognoscible, hay ciertas verdades conectadas con su existencia que la mente humana se ve obligada a aceptar. Y el examen de estos informes constituye un tema de investigación apropiado, particularmente en la medida en que concuerdan con los informes de los Iluminados en planos superiores. Y a esta indagación te invitamos ahora.

"ESO que es la Verdad Fundamental, la Realidad Substancial, está más allá de la verdadera denominación, pero los Sabios lo llaman EL TODO". —El Kybalion.

"En su esencia, EL TODO es INCOGNOSCIBLE". —El Kybalion.

"Pero el informe de la Razón debe ser recibido hospitalariamente y tratado con respeto". —El Kybalion.

La razón humana, cuyos informes debemos aceptar mientras pensemos en absoluto, nos informa lo siguiente con respecto a EL TODO, y eso sin intentar quitar el velo de lo Incognoscible:

(1) EL TODO debe ser TODO lo que REALMENTE ES. No puede haber nada que exista fuera de EL TODO, de lo contrario, EL TODO no sería EL TODO.

(2) EL TODO debe ser INFINITO, porque no hay nada más que definir, limitar, limitar; o restringir EL TODO. Tiene que ser Infinito en el Tiempo, o ETERNO, tiene que haber existido siempre continuamente,

porque no hay nada más que lo haya creado, y algo nunca puede evolucionar de la nada, y si alguna vez "no hubiera sido", ni siquiera por un momento, no sería "ser" ahora, tiene que existir continuamente para siempre, porque no hay nada que lo destruya. Y nunca puede "no ser", ni siquiera por un momento, porque algo nunca puede convertirse en nada. Tiene que ser Infinito en el Espacio, tiene que estar en todas partes, porque no hay lugar fuera del TODO, no puede ser de otra manera que continua en el Espacio, sin ruptura, cese, separación o interrupción, porque no hay nada que rompa, separe o interrumpa su continuidad, y nada con lo que "llenar los vacíos". Debe ser Infinito en Poder, o Absoluto, porque no hay nada que lo limite, restrinja, restrinja, limite, perturbe o condicione, no está sujeto a ningún otro Poder, porque no hay otro Poder.

(3) EL TODO debe ser INMUTABLE, o no estar sujeto a cambio en su naturaleza real, porque no hay nada que haga cambios en él, nada en lo que pueda cambiar, ni desde lo cual podría haber cambiado. No se puede sumar ni restar; aumentado ni disminuido; ni llegar a ser mayor o menor en ningún aspecto. Siempre debe haber sido, y siempre debe seguir siendo, exactamente lo que es ahora, EL TODO, nunca ha habido, no es ahora y nunca será, nada más en lo que pueda transformarse.

Siendo EL TODO Infinito, Absoluto, Eterno e Inmutable, se deduce que cualquier cosa finita, cambiante, fugaz y condicionada no puede ser EL TODO. Y como no hay Nada fuera del TODO, en la Realidad, entonces todas y cada una de esas cosas finitas deben ser como la Nada en la Realidad. Ahora, no se confundan, ni se asusten, no estamos tratando de llevarlos al campo de la Ciencia Cristiana bajo la cobertura de la Filosofía Hermética. Hay una reconciliación de este estado de cosas aparentemente contradictorio. Ten paciencia, llegaremos a tiempo.

Vemos a nuestro alrededor lo que se llama "Materia", que forma la base física de todas las formas. ¿Es EL TODO meramente Materia? ¡De nada! La Materia no puede manifestar la Vida o la Mente, y como la Vida y la Mente se manifiestan en el Universo, el TODO no puede ser Materia, porque nada se eleva más alto que su propia fuente, nada se manifiesta nunca en un efecto que no esté en la causa, nada se desarrolla como consecuencia que no esté involucrado como antecedente. Y luego la Ciencia Moderna nos informa que realmente no existe tal cosa como la Materia, que lo que llamamos Materia es simplemente "energía o fuerza interrumpida", es decir, energía o fuerza a una tasa baja de vibración. Como ha dicho un escritor reciente: "La materia se ha fundido en misterio". Incluso la Ciencia de los Materiales ha abandonado la teoría de la Materia, y ahora descansa sobre la base de la "Energía".

Entonces, ¿es EL TODO mera Energía o Fuerza? No Energía o Fuerza como los materialistas usan los términos, porque su energía y fuerza son cosas ciegas, mecánicas, desprovistas de Vida o Mente. La Vida y la Mente nunca pueden evolucionar a partir de la Energía o Fuerza ciegas, por la razón dada hace un momento: "Nada puede elevarse más alto que su fuente, nada evoluciona a menos que esté involucrado, nada se manifiesta en el efecto, a menos que esté en la causa". Y así, EL TODO no puede ser mera Energía o Fuerza, porque, si lo fuera, entonces no existirían cosas tales como la Vida y la Mente, y nosotros sabemos mejor que eso, porque estamos Vivos y usamos la Mente para considerar esta misma cuestión, y también lo son aquellos que afirman que la Energía o la Fuerza es Todo.

¿Qué hay entonces más alto que la Materia o la Energía que sabemos que existe en el Universo? ¡VIDA Y MENTE! ¡La Vida y la Mente en todos sus diversos grados de desenvolvimiento! "Entonces", preguntarás, "¿quieres decirnos que EL TODO es VIDA y MENTE?" ¡Sí! y ¡No! es nuestra respuesta. Si te refieres a la Vida y a la Mente tal como nosotros, pobres pequeños mortales, las conocemos, decimos ¡No! ¡EL TODO no es eso! "¿Pero a qué tipo de Vida y Mente te refieres?", te preguntarás.

La respuesta es "MENTE VIVIENTE", muy por encima de lo que los mortales conocen por esas palabras, ya que la Vida y la Mente son superiores a las fuerzas mecánicas o materia, MENTE VIVIENTE INFINITA en comparación con la "Vida y la Mente" finitas. Nos referimos a lo que las almas iluminadas quieren decir cuando pronuncian reverentemente la palabra: "¡ESPÍRITU!"

"EL TODO" es la Mente Viviente Infinita, ¡los Iluminados lo llaman ESPÍRITU!

CAPÍTULO V

EL UNIVERSO MENTAL

El Universo es Mental, sostenido en la Mente del TODO". —El Kybalion.

¡EL TODO es ESPÍRITU! Pero, ¿qué es el Espíritu? Esta pregunta no puede ser respondida, por la razón de que su definición es prácticamente la de EL TODO, que no puede ser explicada ni definida. Espíritu es simplemente un nombre que los hombres dan a la concepción más elevada de la Mente Viviente Infinita, que significa "la Esencia Real", significa Mente Viviente, tan superior a la Vida y a la Mente tal como las conocemos, como estas últimas son superiores a la Energía y a la Materia mecánicas. El Espíritu trasciende nuestro entendimiento, y usamos el término simplemente para pensar o hablar del TODO. Para los propósitos del pensamiento y la comprensión, estamos justificados al pensar en el Espíritu como una Mente Viviente Infinita, al mismo tiempo que reconocemos que no podemos comprenderlo completamente. O hacemos esto o dejamos de pensar en el asunto en absoluto.

Pasemos ahora a considerar la naturaleza del Universo, en su conjunto y en sus partes. ¿Qué es el Universo? Hemos visto que no puede haber nada fuera de EL TODO. Entonces, ¿es el Universo EL TODO? No, esto no puede ser, porque el Universo parece estar compuesto de MUCHOS, y está en constante cambio, y en otros aspectos no está a la altura de las ideas que estamos obligados a aceptar con respecto a EL TODO, como se dijo en nuestra última lección. Entonces, si el Universo no es EL TODO, entonces debe ser la Nada: tal es la conclusión inevitable de la mente al primer pensamiento. Pero esto no satisfará la pregunta, porque somos sensibles a la existencia del Universo. Entonces, si el Universo no es ni EL TODO, ni la Nada, ¿qué puede ser? Examinemos esta cuestión.

Si el Universo existe, o parece existir, debe proceder de alguna manera de EL TODO, debe ser una creación de EL TODO. Pero como algo nunca puede venir de la nada, de lo que EL TODO pudo haberlo creado. Algunos filósofos han respondido a esta pregunta diciendo que EL TODO creó el Universo a partir de SÍ MISMO, es decir, a partir del ser y la sustancia del TODO. Pero esto no servirá, porque EL TODO no puede ser sustraído ni dividido, como hemos visto, y por otra parte, si esto fuera así, ¿no sería cada partícula en el Universo consciente de que es EL TODO, EL TODO no podría perder su conocimiento de sí mismo, ni convertirse en un átomo, o en una fuerza ciega, o en una humilde cosa viviente? Algunos hombres, en efecto, dándose cuenta de que EL TODO es realmente TODO, y también reconociendo que ellos, los hombres, existían, han saltado a la conclusión de que ellos y EL TODO eran idénticos, y han llenado el aire con gritos de "YO SOY DIOS", para diversión de la multitud y tristeza de los sabios. La afirmación del corpúsculo de que: "¡Yo soy el Hombre!" sería modesta en comparación.

Pero, ¿qué es realmente el Universo, si no es EL TODO, aún no creado por EL TODO, habiéndose separado en fragmentos? ¿Qué otra cosa puede ser, de qué otra cosa puede estar hecha? Esta es la gran pregunta. Examinémoslo detenidamente. Encontramos aquí que el "Principio de Correspondencia" (ver Lección I) viene en nuestra ayuda aquí. El viejo axioma hermético, "Como es arriba es abajo", puede ser puesto en servicio en este punto. Esforcémonos por vislumbrar el funcionamiento de los planos superiores examinándolos por nuestra cuenta. El Principio de Correspondencia debe aplicarse a este y a otros problemas.

¡Veamos! En su propio plano de ser, ¿cómo crea el hombre? Bueno, primero, puede crear haciendo algo con materiales externos. Pero esto no servirá, porque no hay materiales fuera del TODO con los que pueda crear. Pues bien, en segundo lugar, el hombre procrea o reproduce su especie por el proceso de engendramiento, que se realiza mediante la transferencia de una parte de su sustancia a su descendencia. Pero esto no servirá, porque EL TODO no puede transferir o restar una porción de sí mismo, ni puede reproducirse o multiplicarse a sí mismo; en primer lugar habría una sustracción, y en el segundo caso una multiplicación o adición a EL TODO, siendo ambos pensamientos un absurdo. ¿No hay una tercera vía en la que el hombre crea? Sí, lo hay, ¡él CREA MENTALMENTE! Y al hacerlo, no utiliza materiales externos, ni se reproduce a sí mismo, y sin embargo, su Espíritu impregna la Creación Mental.

Siguiendo el Principio de Correspondencia, estamos justificados al considerar que EL TODO crea el Universo MENTALMENTE, de una manera similar al proceso por el cual el Hombre crea Imágenes Mentales. Y aquí es donde el informe de la Razón coincide precisamente con el informe de los Iluminados, como lo demuestran sus enseñanzas y escritos. Tales son las enseñanzas de los Reyes Magos. Tal era la enseñanza de Hermes.

EL TODO no puede crear de otra manera que no sea mentalmente, sin usar material (y no hay ninguno para usar), o bien reproducirse a sí mismo (lo cual también es imposible). No hay escapatoria a esta conclusión de la Razón, que, como hemos dicho, concuerda con las más altas enseñanzas de los Iluminados. Así como tú, estudiante, puedes crear un Universo propio en tu mentalidad, así EL TODO crea Universos en su propia Mentalidad. Pero su Universo es la creación mental de una Mente Finita, mientras que el del TODO es la creación de un Infinito. Los dos son similares en especie, pero infinitamente diferentes en grado. Examinaremos más de cerca el proceso de creación y manifestación a medida que avancemos. Pero este es el punto que deben fijar en sus mentes en esta etapa: EL UNIVERSO, Y TODO LO QUE CONTIENE, ES UNA CREACIÓN MENTAL DEL TODO. Verdaderamente, ¡TODO ES MENTE!

"EL TODO crea en su Mente Infinita innumerables Universos, que existen durante eones de Tiempo, y sin embargo, para EL TODO, la creación, el desarrollo, el declive y la muerte de un millón de Universos es como el tiempo de un abrir y cerrar de ojos". —El Kybalion.

"La Mente Infinita del TODO es el vientre de los Universos". —El Kybalion.

El Principio de Género (ver Lección I y otras lecciones a seguir) se manifiesta en todos los planos de la vida, material, mental y espiritual. Pero, como hemos dicho antes, "Género" no significa "Sexo", el sexo es meramente una manifestación material de género. "Género" significa "relativo a la generación o creación". Y siempre que se genera o se crea algo, en cualquier plano, se debe manifestar el Principio de Género. Y esto es cierto incluso en la creación de los Universos.

Ahora, no salte a la conclusión de que estamos enseñando que hay un Dios masculino y otro femenino, o un Creador. Esa idea no es más que una distorsión de las antiguas enseñanzas sobre el tema. La verdadera enseñanza es que EL TODO, en sí mismo, está por encima del Género, como está por encima de cualquier otra Ley, incluidas las del Tiempo y el Espacio. Es la Ley, de la que proceden las Leyes, y no está sujeta a ellas. Pero cuando EL TODO se manifiesta en el plano de la generación o de la creación, entonces actúa de acuerdo con la Ley y el Principio, porque se está moviendo en un plano inferior del Ser. Y en consecuencia, manifiesta el Principio de Género, en sus aspectos Masculino y Femenino, en el Plano Mental, por supuesto.

Esta idea puede parecer sorprendente para algunos de ustedes que la escuchan por primera vez, pero realmente todos la han aceptado pasivamente en sus concepciones cotidianas. Hablas de la Paternidad de Dios y de la Maternidad de la Naturaleza, de Dios, el Padre Divino, y de la Naturaleza, la Madre Universal, y así has reconocido instintivamente el Principio de Género en el Universo. ¿No es así?

Pero, la enseñanza hermética no implica una dualidad real: EL TODO es UNO, los Dos Aspectos son meramente aspectos de manifestación. La enseñanza es que el Principio Masculino manifestado por EL TODO está, en cierto modo, aparte de la creación mental real del Universo. Proyecta su Voluntad hacia el Principio Femenino (que puede llamarse "Naturaleza"), tras lo cual este último comienza el trabajo real de la evolución del Universo, desde simples "centros de actividad" hasta el hombre, y luego una y otra vez aún más alto, todo de acuerdo con las Leyes de la Naturaleza bien establecidas y firmemente aplicadas. Si prefieres las viejas figuras del pensamiento, puedes pensar en el Principio Masculino como Dios, el Padre, y en el Principio Femenino como la Naturaleza, la Madre Universal, de cuyo vientre han nacido todas las cosas. Esto es más que una mera figura retórica poética, es una idea del proceso real de la creación del Universo. Pero recuerden siempre que EL TODO no es más que Uno, y que en su Mente Infinita el Universo es generado, creado y existe.

Puede ayudarte a tener la idea correcta, si aplicas la Ley de Correspondencia a ti mismo y a tu propia mente. Sabes que la parte de Ti que llamas "yo", en cierto sentido, se mantiene aparte y es testigo de la creación de imágenes mentales en tu propia mente. La parte de tu mente en la que se lleva a cabo la generación mental puede llamarse el "Yo" a diferencia del "Yo" que se mantiene aparte y es testigo y examina los pensamientos, ideas e imágenes del "Yo". "Como es arriba, es abajo", recuerda, y los fenómenos de un plano pueden emplearse para resolver los enigmas de los planos superiores o inferiores.

¿Es de extrañar que Tú, el niño, sientas esa reverencia instintiva por EL TODO, ese sentimiento que llamamos "religión", ese respeto y reverencia por LA MENTE DEL PADRE? ¿Es de extrañar que, cuando consideras las obras y maravillas de la Naturaleza, te invada un poderoso sentimiento que tiene sus raíces en lo más íntimo de tu ser? Es la MENTE MADRE a la que estás apretando de cerca, como un bebé al pecho.

No cometas el error de suponer que el pequeño mundo que ves a tu alrededor —la Tierra, que es un mero grano de polvo en el Universo— es el Universo mismo. Hay millones y millones de tales mundos, y más grandes. Y hay millones de millones de tales Universos en existencia dentro de la Mente Infinita del TODO. E incluso en nuestro pequeño sistema solar hay regiones y planos de vida mucho más elevados que el nuestro, y seres comparados con los cuales nosotros, los mortales terrestres, somos como las formas de vida viscosas que habitan en el lecho del océano cuando se comparan con el hombre. Hay seres con poderes y atributos superiores a los que el hombre jamás ha soñado que posean los dioses. Y, sin embargo, estos seres fueron una vez como vosotros, y aún más inferiores, y vosotros seréis igual que ellos, y aún más altos, con el tiempo, porque tal es el Destino del Hombre según lo informado por los Iluminados.

Y la Muerte no es real, ni siquiera en el sentido Relativo, no es más que el Nacimiento a una nueva vida, y Tú seguirás, y seguirás, y seguirás, a planos de vida cada vez más elevados, durante eones y eones de tiempo. El Universo es vuestro hogar, y exploraréis sus rincones más lejanos antes del fin del Tiempo. Estás habitando en la Mente Infinita del TODO, y tus posibilidades y oportunidades son infinitas, tanto en el tiempo como en el espacio. Y al final del Gran Ciclo de Eones, cuando EL TODO atraiga de vuelta a sí mismo todas sus creaciones, iréis alegremente porque entonces seréis capaces de conocer la Verdad Completa de ser Uno con EL TODO. Tal es el informe de los Iluminados, aquellos que han avanzado bien a lo largo del Sendero.

Y, mientras tanto, descansa tranquilo y sereno: estás a salvo y protegido por el Poder Infinito de la MENTE PADRE-MADRE.

"Dentro de la Mente Padre-Madre, los hijos mortales están en casa". —El Kybalion.

"No hay uno solo que sea huérfano de padre, ni huérfano de madre en el universo". —El Kybalion.

CAPÍTULO VI

LA PARADOJA DIVINA

"Los semisabios, reconociendo la irrealidad comparativa del Universo, se imaginan que pueden desafiar sus Leyes: tales son tontos vanos y presuntuosos, y son rotos contra las rocas y desgarrados por los elementos a causa de su locura. Los verdaderamente sabios, conociendo la naturaleza del Universo, usan la Ley contra las leyes; el superior contra el inferior; y por el arte de la alquimia transmutar lo que es indeseable en lo que es digno, y así triunfar. La maestría no consiste en sueños anormales, visiones e imaginaciones fantásticas o en vivir, sino en usar las fuerzas superiores contra las inferiores, escapando de los dolores de los planos inferiores vibrando en los superiores. La transmutación, no la negación presuntuosa, es el arma del Maestro." —El Kybalion.

Esta es la Paradoja del Universo, resultante del Principio de Polaridad que se manifiesta cuando EL TODO comienza a Crear, escúchalo porque señala la diferencia entre la semi-sabiduría y la sabiduría. Mientras que para EL INFINITO TODO, el Universo, sus Leyes, sus Poderes, su vida, sus Fenómenos, son como cosas presenciadas en estado de Meditación o Sueño; sin embargo, para todo lo que es Finito, el Universo debe ser tratado como Real, y la vida, y la acción, y el pensamiento, deben basarse en él, en consecuencia, aunque siempre con una comprensión de la Verdad Superior. Cada uno según su propio Plano y Leyes. Si EL TODO imaginara que el Universo fuera realmente la Realidad, entonces ¡ay del Universo!, porque entonces no habría escape de lo inferior a lo superior, hacia lo divino, entonces el Universo se convertiría en una fijeza y el progreso se volvería imposible. Y si el Hombre, debido a la sabiduría a medias, actúa, vive y piensa en el Universo como un mero sueño (semejante a sus propios sueños finitos), entonces ciertamente lo hace para él, y como un sonámbulo da siempre vueltas y vueltas en círculo, sin hacer ningún progreso, y siendo forzado a un despertar al final por su caída magullado y sangrando sobre las Leyes Naturales que ignoraba. Mantén tu mente siempre en la Estrella, pero deja que tus ojos vigilen tus pasos, no sea que caigas en el fango a causa de tu mirada hacia arriba. Recuerde la Paradoja Divina, que mientras el Universo NO ES, todavía ES. Recuerda siempre los dos polos de la verdad: el absoluto y el relativo. Cuidado con las medias verdades.

Lo que los hermetistas conocen como "la Ley de la Paradoja" es un aspecto del Principio de Polaridad. Los escritos herméticos están llenos de referencias a la aparición de la Paradoja en la consideración de los problemas de la Vida y el Ser. Los Maestros están constantemente advirtiendo a sus estudiantes contra el error de omitir el "otro lado" de cualquier pregunta. Y sus advertencias se dirigen particularmente a los problemas de lo Absoluto y lo Relativo, que dejan perplejos a todos los estudiantes de filosofía, y que hacen que tantos piensen y actúen en contra de lo que generalmente se conoce como "sentido común". Y advertimos a todos los estudiantes que se aseguren de comprender la Paradoja Divina de lo Absoluto y Relativo, para que no se enreden en el fango de la Verdad a Medias. Con esto en mente, se ha escrito esta lección en particular. ¡Léelo con atención!

El primer pensamiento que viene al hombre pensante después de darse cuenta de la verdad de que el Universo es una Creación Mental del TODO, es que el Universo y todo lo que contiene es una mera ilusión; una irrealidad; Contra esta idea se rebelan sus instintos. Pero ésta, como todas las grandes verdades, debe ser considerada tanto desde el punto de vista absoluto como desde el relativo. Desde el punto de vista Absoluto, por supuesto, el Universo es de la naturaleza de una ilusión, un sueño, una fantasmagoría, en comparación con EL TODO en sí mismo. Reconocemos esto incluso en nuestra visión ordinaria, porque hablamos del mundo como "un espectáculo fugaz" que va y viene, nace y muere, porque el elemento de impermanencia y cambio, finitud e insustancialidad, debe estar siempre conectado con la idea de un Universo creado cuando se contrasta con la idea de EL TODO, no importa cuáles sean nuestras creencias con respecto a la naturaleza de ambos. Filósofos, metafísicos, científicos y teólogos están de acuerdo en esta idea, y el pensamiento se encuentra en todas las formas de pensamiento filosófico y concepciones religiosas, así como en las teorías de las respectivas escuelas de metafísica y teología.

Por lo tanto, las Enseñanzas Herméticas no predican la insustancialidad del Universo en términos más fuertes que los más familiares para ustedes, aunque su presentación del tema pueda parecer algo más sorprendente. Cualquier cosa que tenga un principio y un final debe ser, en cierto sentido, irreal y falsa, y el Universo está bajo la regla, en todas las escuelas de pensamiento. Desde el punto de vista Absoluto, no hay nada Real excepto EL TODO, no importa qué términos podamos usar al pensar o discutir el tema. Ya sea que el Universo haya sido creado de Materia, o que sea una Creación Mental en la Mente del TODO, es insustancial, no duradero, una cosa de tiempo, espacio y cambio. Queremos que se den cuenta de este hecho a fondo, antes de que juzguen la concepción hermética de la naturaleza mental del universo. Piense en todas y cada una de las otras concepciones, y vea si esto no es cierto de ellas.

Pero el punto de vista Absoluto muestra sólo un lado del cuadro, el otro lado es el Relativo. La Verdad Absoluta ha sido definida como "Las cosas tal como las conoce la mente de Dios", mientras que la Verdad Relativa es "Las cosas tal como las entiende la razón más elevada del Hombre". Y así, mientras que para TODO el Universo debe ser irreal e ilusorio, un mero sueño o resultado de la meditación, sin embargo, para las mentes finitas que forman parte de ese Universo, y que lo ven a través de las facultades mortales, el Universo es realmente muy real, y debe ser considerado como tal. Al reconocer el punto de vista Absoluto, no debemos cometer el error de ignorar o negar los hechos y fenómenos del Universo tal como se presentan a nuestras facultades mortales: no somos EL TODO, recuerden.

Para tomar ejemplos familiares, todos reconocemos el hecho de que la materia "existe" para nuestros sentidos: nos irá mal si no lo hacemos. Y, sin embargo, incluso nuestras mentes finitas comprenden el dictum científico de que no existe tal cosa como la Materia desde un punto de vista científico: lo que llamamos Materia se considera simplemente una agregación de átomos, que los átomos mismos son simplemente un grupo de unidades de fuerza, llamadas electrones o "iones", vibrantes y en constante movimiento circular. Pateamos una piedra y sentimos el impacto, que parece ser real, a pesar de que sabemos que es simplemente lo que hemos dicho anteriormente. Pero recordad que nuestro pie, que siente el impacto por medio de nuestro cerebro, es igualmente materia, así constituida por electrones, y por lo tanto también lo es nuestro cerebro. Y, en el mejor de los casos, si no fuera por razón de nuestra Mente, no conoceríamos el pie o la piedra en absoluto.

Por otra parte, el ideal del artista o del escultor, que se esfuerza por reproducir en piedra o en lienzo, le parece muy real. Lo mismo ocurre con los personajes en la mente del autor; o dramaturgo, que busca expresar para que los demás los reconozcan. Y si esto es cierto en el caso de nuestras mentes finitas, ¿cuál debe ser el grado de Realidad en las Imágenes Mentales creadas en la Mente del Infinito? Oh, amigos, para los mortales este Universo de Mentalidad es muy real, es el único que podemos conocer, aunque nos elevemos de plano en plano, cada vez más alto en él. Para conocerlo de otra manera, sino como experiencia real, debemos ser EL TODO mismo. Es cierto que cuanto más nos elevamos en la escala, cuanto más nos acercamos a "la mente del Padre", más aparente se vuelve la naturaleza ilusoria de las cosas finitas, pero no es hasta que EL TODO finalmente nos retira a sí mismo que la visión realmente se desvanece.

Por lo tanto, no necesitamos detenernos en el rasgo de la ilusión. Más bien, reconociendo la verdadera naturaleza del Universo, tratemos de comprender sus leyes mentales y esforcémonos por usarlas con el mejor efecto en nuestro progreso ascendente a través de la vida, a medida que viajamos de un plano a otro del ser. Las Leyes del Universo son, sin embargo, "Leyes de Hierro" debido a la naturaleza mental. Todos, excepto EL TODOS, están obligados por ellos. Lo que está EN LA MENTE INFINITA DEL TODO es real en un grado sólo superado por la realidad misma que está investida en la naturaleza del todo.

Por lo tanto, no te sientas inseguro o temeroso, todos estamos FIRMEMENTE SOSTENIDOS EN LA MENTE INFINITA DEL TODO, y no hay nada que nos lastime o que podamos temer. No hay Poder fuera del TODO que nos afecte. Así que podemos estar tranquilos y seguros. Hay un mundo de comodidad y seguridad en esta realización una vez que se alcanza. Entonces, "tranquilos y pacíficos dormimos, mecidos en la Cuna del Abismo", descansando seguros en el seno del Océano de la Mente Infinita, que es EL TODO. En EL TODO, en efecto, "vivimos, nos movemos y somos".

La materia no deja de ser materia para nosotros, mientras moramos en el plano de la materia, aunque sepamos que no es más que una agregación de "electrones" o partículas de fuerza, que vibran rápidamente y giran unas alrededor de otras en las formaciones de los átomos; los átomos, a su vez, vibran y giran, formando moléculas, que a su vez forman masas más grandes de materia. Tampoco la materia deja de ser materia cuando seguimos la investigación aún más y aprendemos de las enseñanzas herméticas que la "Fuerza" de la que los electrones no son más que unidades no es más que una manifestación de la Mente del Todo, y como todo lo demás en el Universo, es puramente mental en su naturaleza. Mientras estamos en el Plano de la Materia, debemos reconocer sus fenómenos: podemos controlar la Materia (como lo hacen todos los Maestros de grado superior o menor), pero lo hacemos aplicando las fuerzas superiores. Cometemos una locura cuando intentamos negar la existencia de la Materia en el aspecto relativo. Podemos negar su dominio sobre nosotros, y con razón, pero no debemos tratar de ignorarlo en su aspecto relativo, al menos mientras nos detengamos en su plano.

Tampoco las leyes de la naturaleza se vuelven menos constantes o efectivas cuando sabemos que son meras creaciones mentales. Están en pleno efecto en los diversos planos. Vencemos las leyes inferiores, aplicando las más altas, y sólo de esta manera. Pero no podemos escapar de la Ley ni elevarnos por encima de ella por completo. Nada más que EL TODO puede escapar a la Ley, y eso porque EL TODO es la LEY misma, de la cual emergen todas las Leyes. Los Maestros más avanzados pueden adquirir los poderes que generalmente se atribuyen a los dioses de los hombres; y hay innumerables rangos de ser, en la gran jerarquía de la vida, cuyo ser y poder trasciende incluso el de los Maestros más elevados entre los hombres en un grado impensable para los mortales, pero incluso el Maestro más elevado, y el Ser más elevado, deben inclinarse ante la Ley, y ser como Nada a los ojos del TODO. De modo que si incluso estos Seres más elevados, cuyos poderes exceden incluso a los atribuidos por los hombres a sus dioses, si incluso éstos están obligados y subordinados a la Ley, entonces imagínense la presunción del hombre mortal, de nuestra raza y grado, cuando se atreve a considerar las Leyes de la Naturaleza como "irreales", visionarias e ilusorias, porque resulta ser capaz de captar la verdad de que las Leyes son de naturaleza mental, y simplemente Creaciones Mentales de EL TODO. Aquellas Leyes que EL TODO pretende que gobiernen las Leyes no deben ser desafiadas o rechazadas. Mientras el Universo perdure, ellos perdurarán, porque el Universo existe en virtud de estas Leyes que forman su marco y que lo mantienen unido.

El Principio Hermético del Mentalismo, aunque explica la verdadera naturaleza del Universo sobre el principio de que todo es Mental, no cambia las concepciones científicas del Universo, la Vida o la Evolución. De hecho, la ciencia se limita a corroborar las enseñanzas herméticas. Este último se limita a enseñar que la naturaleza del Universo es "Mental", mientras que la ciencia moderna ha enseñado que es "Material"; o (últimamente) que es "Energía" en última instancia. Las Enseñanzas Herméticas no tienen nada que ver con el principio básico de Herbert Spencer que postula la existencia de una "Energía Infinita y Eterna, de la cual proceden todas las cosas". De hecho, los herméticos reconocen en la filosofía de Spencer la más alta declaración externa del funcionamiento de las Leyes Naturales que jamás se haya promulgado, y creen que

Spencer ha sido una reencarnación de un antiguo filósofo que habitó en el antiguo Egipto hace miles de años, y que más tarde encarnó como Heráclito, el filósofo griego que vivió en el año 500 a.C. Y consideran su afirmación de la "Energía Infinita y Eterna" como directamente en la línea de las Enseñanzas Herméticas, siempre con la adición de su propia doctrina de que su "Energía" es la Energía de la Mente del TODO. Con la Llave Maestra de la Filosofía Hermética, el estudiante de Spencer podrá abrir muchas puertas de las concepciones filosóficas internas del gran filósofo inglés, cuya obra muestra los resultados de la preparación de sus encarnaciones anteriores. Sus enseñanzas sobre la Evolución y el Ritmo están casi perfectamente de acuerdo con las Enseñanzas Herméticas sobre el Principio del Ritmo.

Por lo tanto, el estudiante de Hermética no necesita dejar de lado ninguno de sus apreciados puntos de vista científicos con respecto al Universo. Todo lo que se le pide es que comprenda el principio subyacente de "EL TODO es Mente; el Universo es Mental, sostenido en la mente del TODO". Descubrirá que los otros seis de los Siete Principios "encajarán" en su conocimiento científico, y servirán para resaltar puntos oscuros y arrojar luz en los rincones oscuros. Esto no es de extrañar, cuando nos damos cuenta de la influencia del pensamiento hermético de los primeros filósofos de Grecia, sobre cuyos fundamentos de pensamiento descansan en gran medida las teorías de la ciencia moderna. La aceptación del Primer Principio Hermético (Mentalismo) es el único gran punto de diferencia entre la Ciencia Moderna y los estudiantes Herméticos, y la Ciencia se está moviendo gradualmente hacia la posición Hermética en su búsqueda a tientas en la oscuridad de una salida del Laberinto en el que ha vagado en su búsqueda de la Realidad.

El propósito de esta lección es grabar en las mentes de nuestros estudiantes el hecho de que, a todos los efectos, el Universo y sus leyes, y sus fenómenos, son tan REALES, en lo que concierne al Hombre, como lo serían bajo las hipótesis del Materialismo o el Energismo. Bajo cualquier hipótesis, el Universo en su aspecto exterior es cambiante, siempre fluye y es transitorio, y por lo tanto está desprovisto de sustancialidad y realidad. Pero (nótese el otro polo de la verdad) bajo las mismas hipótesis, nos vemos obligados a ACTUAR Y VIVIR como si las cosas fugaces fueran reales y sustanciales. Con esta diferencia, siempre, entre las diversas hipótesis: que bajo las antiguas concepciones el Poder Mental era ignorado como una Fuerza Natural, mientras que bajo el Mentalismo se convierte en la Mayor Fuerza Natural. Y esta diferencia revoluciona la Vida, para aquellos que entienden el principio y sus leyes y prácticas resultantes.

Así, finalmente, todos los estudiantes comprenden las ventajas del mentalismo y aprenden a conocer, usar y aplicar las leyes que resultan de él. Pero no cedáis a la tentación que, como dice El Kybalión, vence a los semisabios y les hace quedar hipnotizados por la aparente irrealidad de las cosas, siendo la consecuencia que vagan como soñadores que habitan en un mundo de sueños, ignorando el trabajo práctico y la vida del hombre, con el fin de que "son quebrantados contra las rocas y despedazados por los elementos, a causa de su insensatez". Más bien seguid el ejemplo de los sabios, que la misma autoridad declara: "Usa la Ley contra las Leyes; el superior contra el inferior; y por el arte de la alquimia transmutar lo que es indeseable en lo que es digno, y así triunfar". Siguiendo a la autoridad, evitemos la sabiduría a medias (que es una locura) que ignora la verdad de que: "La maestría no consiste en sueños anormales, visiones e imaginaciones fantásticas o en vivir, sino en usar las fuerzas superiores contra las inferiores, escapando de los dolores de los planos inferiores vibrando en los superiores". Recuerda siempre, estudiante, que "la transmutación, no la negación presuntuosa, es el arma del Maestro". Las citas anteriores son de El Kybalion, y son dignas de ser memorizadas por el estudiante.

No vivimos en un mundo de sueños, sino en un Universo que, aunque relativo, es real en lo que concierne a nuestras vidas y acciones. Nuestra tarea en el Universo no es negar su existencia, sino VIVIR, usando las Leyes para elevarnos de lo más bajo a lo más alto, viviendo, haciendo lo mejor que podamos bajo las circunstancias que surgen cada día, y viviendo, en la medida de lo posible, según nuestras ideas e ideales más grandes. El verdadero Significado de la Vida no es conocido por los hombres en este plano, si es que alguno lo conoce, pero las más altas autoridades y nuestras propias intuiciones nos enseñan que no cometeremos ningún error al vivir de acuerdo con lo mejor que hay en nosotros, en la medida de lo posible, y realizar la tendencia universal en la misma dirección, a pesar de la evidencia aparente de lo contrario. Todos estamos en El Sendero, y el camino conduce siempre hacia arriba, con frecuentes lugares de descanso.

Lee el mensaje de El Kybalion y sigue el ejemplo de "los sabios", evitando el error de "los sabios a medias" que perecen a causa de su locura.

CAPÍTULO VII

"EL TODO" EN TODO

"Si bien el Todo está en EL TODO, es igualmente cierto que el TODO está en TODO. A aquel que verdaderamente entiende esta verdad le ha llegado un gran conocimiento". —El Kybalion.

¿Cuántas veces la mayoría de la gente ha oído repetir la afirmación de que su Deidad (llamada por muchos nombres) era "Todo en Todo" y cuán poco han sospechado de la verdad oculta interna oculta por estas palabras pronunciadas descuidadamente? La expresión comúnmente utilizada es una supervivencia de la antigua máxima hermética citada anteriormente. Como dice el Kybalion: "A aquel que verdaderamente entiende esta verdad, le ha llegado un gran conocimiento". Y, siendo esto así, busquemos esta verdad, cuya comprensión significa tanto. En esta afirmación de verdad, esta máxima hermética, se esconde una de las más grandes verdades filosóficas, científicas y religiosas.

Les hemos dado la Enseñanza Hermética con respecto a la Naturaleza Mental del Universo, la verdad de que "el Universo es Mental, sostenido en la Mente del TODO". Como dice el Kybalion, en el pasaje citado anteriormente: "Todo está en EL TODO". Pero nótese también la afirmación correlacionada, de que: "Es igualmente cierto que EL TODO está en TODO". Esta afirmación aparentemente contradictoria es reconciliable bajo la Ley de la Paradoja. Es, además, una exacta declaración hermética de las relaciones existentes entre EL TODO y su Universo Mental. Hemos visto cómo "Todo está en EL TODO", examinemos ahora el otro aspecto del tema.

Las Enseñanzas Herméticas son en el sentido de que EL TODO es Inminente en ("permanecer dentro; inherente; morando dentro") de su Universo, y en cada parte, partícula, unidad o combinación, dentro del Universo. Esta afirmación suele ser ilustrada por los Maestros con una referencia al Principio de Correspondencia. El Maestro instruye al estudiante a formar una Imagen Mental de algo, una persona, una idea, algo que tiene una forma mental, siendo el ejemplo favorito el del autor o dramaturgo que se forma una idea de sus personajes; o un pintor o escultor que forma una imagen de un ideal que desea expresar con su arte. En cada caso, el estudiante encontrará que, si bien la imagen tiene su existencia, y su ser, únicamente dentro de su propia mente, sin embargo, él, el estudiante, autor, dramaturgo, pintor o escultor, es, en cierto sentido, inmanente a ella; permaneciendo en el interior; o morando en el interior, la imagen mental también. En otras palabras, toda la virtud, la vida, el espíritu, de la realidad a imagen mental se deriva de la "mente inmanente" del pensador. Considere esto por un momento, hasta que la idea sea captada.

Para tomar un ejemplo moderno, digamos que Otelo, Yago, Hamlet, Lear, Ricardo III, existieron simplemente en la mente de Shakespeare, en el momento de su concepción o creación. Y, sin embargo, Shakespeare también existió dentro de cada uno de estos personajes, dándoles su vitalidad, espíritu y acción. ¿De quién es el "espíritu" de los personajes que conocemos como Micawber, Oliver Twist, Uriah Heep?, ¿es Dickens, o cada uno de estos personajes tiene un espíritu personal, independiente de su creador? ¿Tienen la Venus de los Médicis, la Madonna Sixtina, el Apolo Belvidere, espíritus y realidad propios, o representan el poder espiritual y mental de sus creadores? La Ley de la Paradoja explica que ambas proposiciones son verdaderas, vistas desde los puntos de vista adecuados. Micawber es a la vez Micawber y, sin embargo, Dickens. Y, de nuevo, aunque se puede decir que Micawber es Dickens, Dickens no es idéntico a Micawber. El hombre, como Micawber, puede exclamar: "El Espíritu de mi Creador es inherente dentro de mí, ¡y sin embargo yo no soy ÉL!" ¡Cuán diferente es esto de la espantosa verdad a medias anunciada tan vociferantemente por algunos de los semisabios, que llenan el aire con sus gritos estridentes de: "¡Yo soy Dios!" Imagínense al pobre Micawber, o al astuto Uriah Heep, gritando: "Yo soy Dickens"; o algunos de los humildes terrones de una de las obras de Shakespeare, anunciando elocuentemente que: "¡Yo soy Shakespeare!" EL TODO está en la lombriz de tierra, y sin embargo la lombriz de tierra está lejos de ser EL TODO. Y aún así queda la maravilla de que, aunque la lombriz de tierra exista meramente como una cosa humilde, creada y teniendo su ser únicamente dentro de la Mente del Todo, sin embargo, el TODO es inmanente en la lombriz de tierra y en las partículas que van a formar la lombriz de tierra. ¿Puede haber un misterio más grande que este de "Todo en EL TODO; y EL TODO en Todo?"

El estudiante, por supuesto, se dará cuenta de que las ilustraciones dadas anteriormente son necesariamente imperfectas e inadecuadas, porque representan la creación de imágenes mentales en mentes finitas, mientras que el Universo es una creación de la Mente Infinita, y la diferencia entre los dos polos los los separa. Y, sin embargo, es meramente una cuestión de grado: el mismo Principio está en funcionamiento, el Principio de Correspondencia se manifiesta en cada uno: "Como es arriba, es abajo; como Abajo, es arriba".

Y, en la medida en que el hombre se dé cuenta de la existencia del Espíritu Interno inmanente dentro de su ser, así se elevará en la escala espiritual de la vida. Esto es lo que significa el desarrollo espiritual: el reconocimiento, la realización y la manifestación del Espíritu dentro de nosotros. Trata de recordar esta última definición: la del desarrollo espiritual. Contiene la Verdad de la Verdadera Religión.

Hay muchos planos de Ser, muchos subplanos de Vida, muchos grados de existencia en el Universo. Y todo depende del avance de los seres en la escala, de la cual el punto más bajo es la materia más grosera, estando la más elevada separada sólo por la división más delgada del Espíritu del Todo. Y, hacia arriba y hacia adelante a lo largo de esta Escala de Vida, todo se está moviendo. Todos están en el Sendero, cuyo fin es EL TODO. Todo progreso es un Regreso a Casa. Todo es Hacia Arriba y hacia Adelante, a pesar de todas las apariencias aparentemente contradictorias. Tal es el mensaje de los Iluminados.

Las Enseñanzas Herméticas concernientes al proceso de la Creación Mental del Universo, son que al comienzo del Ciclo Creativo, EL TODO, en su aspecto de Ser, proyecta su Voluntad hacia su aspecto de "Devenir" y comienza el proceso de creación. Se enseña que el proceso consiste en la disminución de la vibración hasta alcanzar un grado muy bajo de energía vibratoria, momento en el cual se manifiesta la forma más grosera posible de la materia. Este proceso se llama la etapa de la Involución, en la que EL TODO se "involucra" o "envuelve" en su creación. Los hermetistas creen que este proceso tiene una correspondencia con el proceso mental de un artista, escritor o inventor, que se envuelve tanto en su creación mental que casi olvida su propia existencia y que, por el momento, casi "vive en su creación". "Quizás demos una mejor idea de lo que se quiere decir.

Esta etapa Involuntaria de la Creación a veces se llama la "Efusión" de la Energía Divina, así como el estado Evolutivo se llama el "Atracción". Se considera que el polo extremo del proceso creativo es el más alejado del todo, mientras que el comienzo de la etapa evolutiva se considera como el comienzo de la oscilación de retorno del péndulo del ritmo, una idea de "regreso a casa" que se mantiene en todas las enseñanzas herméticas.

Las Enseñanzas son que durante la "Efusión", las vibraciones se vuelven más y más bajas hasta que finalmente cesa el impulso y comienza el swing de regreso. Pero existe la diferencia de que mientras en la "Efusión" las fuerzas creativas se manifiestan compactamente y como un todo, sin embargo, desde el comienzo de la etapa evolutiva o de "Indraw", se manifiesta la Ley de la Individualización, es decir, la tendencia a separarse en Unidades de Fuerza, de modo que finalmente lo que dejó EL TODO como energía no individualizada regresa a su fuente como innumerables Unidades de Vida altamente desarrolladas. habiendo ascendido más y más en la escala por medio de la Evolución Física, Mental y Espiritual.

Los antiguos hermetistas usan la palabra "Meditación" para describir el proceso de la creación mental del Universo en la Mente del Todo, y la palabra "Contemplación" también se emplea con frecuencia. Pero la idea que se pretende es la del empleo de la Atención Divina. "Atención" es una palabra derivada de la raíz latina, que significa "extender; para estirarse", y así el acto de Atención es realmente un "acercamiento" mental; de la energía mental, de modo que la idea subyacente se comprende fácilmente cuando examinamos el verdadero significado de la "Atención".

Las Enseñanzas Herméticas concernientes al proceso de la Evolución son que, EL TODO, habiendo meditado sobre el comienzo de la Creación, habiendo establecido así los fundamentos materiales del Universo, habiéndolo creído en su existencia, entonces gradualmente despierta o despierta de su Meditación y al hacerlo comienza a manifestarse el proceso de la Evolución, en los planos material mental y espiritual, sucesivamente y en orden. Así comienza el movimiento ascendente, y todo comienza a moverse hacia el Espíritu. La materia se vuelve menos grosera; nacen las Unidades; las combinaciones comienzan a formarse; La vida aparece y se manifiesta en formas cada vez más elevadas; y la Mente se hace cada vez más evidente, las vibraciones se vuelven cada vez más altas. En resumen, todo el proceso de Evolución, en todas sus fases, comienza, y procede de acuerdo con las "Leyes del Dibujo Interno" establecidas. Todo esto ocupa eones y eones del tiempo del Hombre, cada eón contiene incontables millones de años, pero sin embargo los Iluminados nos informan que toda la creación, incluyendo la Involución y la Evolución, de un Universo, no es más que "como un abrir y cerrar de ojos" para EL TODO. Al final de incontables ciclos de eones de tiempo, EL TODO retira su Atención, su Contemplación y Meditación, del Universo, porque la Gran Obra ha terminado, y Todo se retira al TODO del que surgió. Pero Misterio de Misterios, el Espíritu de cada alma no se aniquila, sino que se expande infinitamente, lo Creado y el Creador se fusionan. ¡Tal es el informe de los Iluminados!

La ilustración anterior de la "meditación" y el subsiguiente "despertar de la meditación" del TODO, no es, por supuesto, más que un intento de los maestros de describir el proceso Infinito con un ejemplo finito. Y, sin embargo: "Como es abajo, es arriba". La diferencia es meramente de grado. Y así como EL TODO se despierta de la meditación en el Universo, así también el Hombre (con el tiempo) cesa de manifestarse en el Plano Material, y se retira más y más al Espíritu Residente, que es en verdad "El Ego Divino".

Hay un asunto más del que deseamos hablar en esta lección, y que se acerca mucho a una invasión del campo metafísico de la especulación, aunque nuestro propósito es simplemente mostrar la futilidad de tal especulación. Aludimos a la pregunta que inevitablemente viene a la mente de todos los pensadores que se han aventurado a buscar la Verdad. La pregunta es: "¿POR QUÉ EL TODO crea Universos?" La pregunta puede formularse de diferentes formas, pero la anterior es la esencia de la investigación.

Los hombres se han esforzado mucho por responder a esta pregunta, pero todavía no hay una respuesta digna de ese nombre. Algunos han imaginado que EL TODO tenía algo que ganar con ello, pero esto es absurdo, porque ¿qué podría ganar EL TODO que no poseyera ya? Otros han buscado la respuesta en la idea de que EL TODO "deseaba algo para amar" y otros que creaba para placer, o diversión; o porque "estaba solo" o para manifestar su poder, todas explicaciones e ideas pueriles, pertenecientes al período infantil del pensamiento.

Otros han tratado de explicar el misterio asumiendo que EL TODO se encontró "obligado" a crear, en razón de su propia "naturaleza interna", su "instinto creativo". Esta idea se adelanta a las demás, pero su punto débil radica en la idea de que TODOS son "obligados" por cualquier cosa, interna o externa. Si su "naturaleza interna" o "instinto creativo" lo obligara a hacer algo, entonces la "naturaleza interna" o el "instinto creativo" sería el Absoluto, en lugar de EL TODO, y por lo tanto, en consecuencia, esa parte de la proposición cae. Y, sin embargo, EL TODO crea y se manifiesta, y parece encontrar algún tipo de satisfacción al hacerlo. Y es difícil escapar a la conclusión de que en algún grado infinito debe tener lo que correspondería a una "naturaleza interior" o "instinto creativo" en el hombre, con el correspondiente deseo y voluntad infinitos. No podía actuar a menos que quisiera actuar; y no querría obrar, a menos que deseara actuar, y no desearía actuar a menos que obtuviera alguna satisfacción con ello. Y todas estas cosas pertenecerían a una "Naturaleza Interna", y podrían postularse como existentes de acuerdo con la Ley de Correspondencia. Pero, aun así, preferimos pensar en EL TODO como actuando completamente LIBRE de cualquier influencia, tanto interna como externa. Ese es el problema que está en la raíz de la dificultad, y la dificultad que está en la raíz del problema.

Estrictamente hablando, no puede decirse que haya ninguna "Razón" para que EL TODO actúe, porque una "razón" implica una "causa", y EL TODO está por encima de la Causa y el Efecto, excepto cuando quiere convertirse en una Causa, momento en el cual el principio se pone en movimiento. Así que, como ves, el asunto es Impensable, así como EL TODO es Incognoscible. De la misma manera que decimos que el TODO simplemente "ES", así también nos vemos obligados a decir que "EL TODO ACTÚA PORQUE ACTÚA". Al final, EL TODO es toda razón en sí misma; Toda ley en sí misma; Toda Acción en Sí Misma, y puede decirse, con verdad, que EL TODO es Su Propia Razón; su propia Ley; su propia Ley, o más aún, que EL TODO; Su razón; su Ley; es la Ley; son UNO, siendo todos nombres para la misma cosa. En la opinión de aquellos que les están dando estas lecciones presentes, la respuesta está encerrada en el SER INTERNO del TODO, junto con su Secreto de Ser. La Ley de la Correspondencia, en nuestra opinión, sólo alcanza a ese aspecto del TODO, del que se puede hablar como "El Aspecto del Devenir". Detrás de ese Aspecto está "El Aspecto del Ser" en el que todas las Leyes se pierden en la LEY; todos los Principios se funden en el PRINCIPIO y en el TODO; PRINCIPIO; y SER; son IDÉNTICOS, UNO Y EL MISMO. Por lo tanto, la especulación metafísica sobre este punto es inútil. Entramos aquí en el asunto simplemente para mostrar que reconocemos la pregunta, y también lo absurdo de las respuestas ordinarias de la metafísica y la teología.

En conclusión, puede ser de interés para nuestros estudiantes aprender que mientras algunos de los antiguos y modernos Maestros Herméticos se han inclinado más bien en la dirección de aplicar el Principio de Correspondencia a la pregunta, con el resultado de la conclusión de la "Naturaleza Interna", sin embargo, las leyendas dicen que Hermes, el Grande, cuando sus estudiantes avanzados le hicieron esta pregunta, les respondió apretando sus labios fuertemente y sin decir una palabra, indicando que NO HABÍA RESPUESTA. Pero, entonces, puede haber tenido la intención de aplicar el axioma de su filosofía, de que: "Los labios de la Sabiduría están cerrados, excepto para los oídos del Entendimiento", creyendo que incluso sus estudiantes avanzados no poseían el Entendimiento que les daba derecho a la Enseñanza. En cualquier caso, si Hermes poseía el Secreto, no lo comunicó, y en lo que concierne al mundo, LOS LABIOS DE HERMES ESTÁN CERRADOS con respecto a él. Y donde el Gran Hermes vaciló en hablar, ¿qué mortal se atreverá a enseñar?

Pero, recuerde, que cualquiera que sea la respuesta a este problema, si realmente hay una respuesta, la verdad sigue siendo que: "Mientras que Todo está en EL TODO, es igualmente cierto que EL TODO está en Todo". La Enseñanza sobre este punto es enfática. Y podemos añadir las palabras finales de la cita: "A aquel que verdaderamente entiende esta verdad, le ha llegado un gran conocimiento".

CAPÍTULO VIII

PLANOS DE CORRESPONDENCIA

"Como es arriba, es abajo; como es abajo, es arriba". —El Kybalion.

El gran Segundo Principio Hermético encarna la verdad de que hay armonía, acuerdo y correspondencia entre los diversos planos de Manifestación, Vida y Ser. Esta verdad es una verdad porque todo lo que está incluido en el Universo emana de la misma fuente, y las mismas leyes, principios y características se aplican a cada unidad, o combinación de unidades, de actividad, a medida que cada una manifiesta sus propios fenómenos en su propio plano.

Con el propósito de facilitar el pensamiento y el estudio, la filosofía hermética considera que el universo puede dividirse en tres grandes clases de fenómenos, conocidos como los tres grandes planos, a saber:

1. El Gran Plano Físico. 2. El Gran Plano Mental. 3. El Gran Plano Espiritual.

Estas divisiones son más o menos artificiales y arbitrarias, porque la verdad es que las tres divisiones no son más que grados ascendentes de la gran escala de la Vida, cuyo punto más bajo es la materia indiferenciada, y el punto más alto el del espíritu. Y, además, los diferentes Planos se matizan unos con otros, de modo que no se puede hacer una división rígida y rápida entre los fenómenos superiores de lo Físico y los inferiores de lo Mental; o entre lo superior de lo Mental y lo inferior de lo Físico.

En resumen, los Tres Grandes Planos pueden ser considerados como tres grandes grupos de grados de Manifestación de Vida. Aunque los propósitos de este pequeño libro no nos permiten entrar en una discusión extensa o en una explicación del tema de estos diferentes planos, creemos que es conveniente dar una descripción general de los mismos en este punto.

Al principio, podemos considerar la pregunta tan a menudo hecha por el neófito que desea ser informado sobre el significado de la palabra "Plano", término que ha sido usado muy libremente, y muy mal explicado, en muchos trabajos recientes sobre el tema del ocultismo. La pregunta es generalmente la siguiente: "¿Es un Plano un lugar que tiene dimensiones, o es simplemente una condición o estado?" Respondemos: "No, no un lugar, ni una dimensión ordinaria del espacio; y, sin embargo, más que un estado o condición. Puede ser considerado como un estado o condición, y sin embargo el estado o condición es un grado de dimensión, en una escala sujeta a medición". Algo paradójico, ¿no? Pero examinemos el asunto. Una "dimensión", ya sabes, es "una medida en línea recta, que se relaciona con la medida", etc. Las dimensiones ordinarias del espacio son longitud, anchura y altura, o quizás longitud, anchura, altura, grosor o circunferencia. Pero hay otra dimensión de las "cosas creadas" o "medidas en línea recta", conocida por los ocultistas, y también por los científicos, aunque estos últimos no le han aplicado todavía el término "dimensión", y esta nueva dimensión, que, por cierto, es la tan especulada de la "Cuarta Dimensión", es la norma utilizada para determinar los grados o "planos".

Esta Cuarta Dimensión puede ser llamada "La Dimensión de la Vibración" Es un hecho bien conocido por la ciencia moderna, así como por los Hermetistas que han incorporado la verdad en su "Tercer Principio Hermético", que "todo está en movimiento; todo vibra; Nada está en reposo". Desde la manifestación más elevada hasta la más baja, todo y todas las cosas vibran. No solo vibran a diferentes velocidades de movimiento, sino también en diferentes direcciones y de una manera diferente. Los grados de la tasa de vibraciones constituyen los grados de medición en la Escala de Vibraciones, en otras palabras, los grados de la Cuarta Dimensión. Y estos grados forman lo que los ocultistas llaman "Planos": cuanto mayor es el grado de vibración, más alto es el plano y más elevada es la manifestación de la Vida que ocupa ese plano. De modo que, aunque un plano no es "un lugar", ni tampoco "un estado o condición", posee cualidades comunes a ambos. Tendremos más que decir sobre el tema de la escala de vibraciones en nuestras próximas lecciones, en las que consideraremos el principio hermético de la vibración.

Recordaréis amablemente, sin embargo, que los Tres Grandes Planos no son divisiones reales de los fenómenos del Universo, sino meros términos arbitrarios utilizados por los hermetistas para ayudar en el pensamiento y estudio de los diversos grados y formas de la actividad y la vida universales. El átomo de materia, la unidad de fuerza, la mente del hombre y el ser del arcángel no son más que grados en una misma escala, y todos fundamentalmente iguales, la diferencia entre una cuestión de grado y una tasa de vibración, todos son creaciones del TODO, y tienen su existencia únicamente dentro de la Mente Infinita del TODO.

Los hermetistas subdividen cada uno de los tres grandes planos en siete planos menores, y cada uno de estos últimos se subdivide también en siete subplanos, siendo todas las divisiones más o menos arbitrarias, matizadas unas con otras, y adoptadas simplemente por conveniencia del estudio y pensamiento científico.

El Gran Plano Físico, y sus Siete Planos Menores, es la división de los fenómenos del Universo que incluye todo lo que se relaciona con la física, o con las cosas, fuerzas y manifestaciones materiales. Incluye todas las formas de lo que llamamos Materia, y todas las formas de lo que llamamos Energía o Fuerza. Pero debes recordar que la Filosofía Hermética no reconoce a la Materia como una cosa en sí misma, o como teniendo una existencia separada incluso en la Mente del TODO. Las Enseñanzas son que la Materia no es más que una forma de Energía, es decir, Energía a una baja tasa de vibraciones de cierto tipo. Y, en consecuencia, los hermetistas clasifican la materia bajo el título de energía, y le dan tres de los siete planos menores del gran plano físico.

Estos Siete Planos Físicos Menores son los siguientes:

1. El plano de la materia (A) 2. El plano de la materia (B) 3. El plano de la materia (C) 4. El plano de la sustancia etérea 5. El Plano de la Energía (A) 6. El Plano de la Energía (B) 7. El Plano de Energía (C)

El Plano de la Materia (A) comprende las formas de la Materia en su forma de sólidos, líquidos y gases, tal como se reconoce generalmente en los libros de texto de física. El plano de la materia (B) comprende ciertas formas superiores y más sutiles de materia, cuya existencia la ciencia moderna no ha vuelto a reconocer, los fenómenos de la materia radiante, en sus fases de radio, etc., pertenecientes a la subdivisión inferior de este plano menor. El Plano de la Materia (C) comprende formas de la Materia más sutil y tenue, cuya existencia no es sospechada por los científicos ordinarios. El Plano de la Substancia Etérea comprende lo que la ciencia llama "El Éter", una substancia de extrema tenuidad y elasticidad, que penetra todo el Espacio Universal y actúa como medio para la transmisión de ondas de energía, como la luz, el calor, la electricidad, etc. Esta Sustancia Etérea forma un eslabón de conexión entre la Materia (así llamada) y la Energía, y participa de la naturaleza de cada una. Las Enseñanzas Herméticas, sin embargo, enseñan que este plano tiene siete subdivisiones (como todos los Planos Menores), y que de hecho hay siete éteres, en lugar de uno solo.

A continuación, por encima del Plano de la Substancia Etérea, viene el Plano de Energía (A), que comprende las formas ordinarias de Energía conocidas por la ciencia, siendo sus siete subplanos, respectivamente, Calor; Luz; Magnetismo; La Electricidad y la Atracción (incluyendo la Gravitación, la Cohesión, la Afinidad Química, etc.) y varias otras formas de energía indicadas por experimentos científicos pero aún no nombradas o clasificadas. El Plano de Energía (B) comprende siete subplanos de formas superiores de energía que aún no han sido descubiertas por la ciencia, pero que han sido llamadas "Fuerzas Más Sutiles de la Naturaleza" y que son llamadas a operar en manifestaciones de ciertas formas de fenómenos mentales, y por las cuales tales fenómenos se hacen posibles. El Plano de Energía (C) comprende siete subplanos de energía tan altamente organizados que tienen muchas de las características de la "vida", pero que no es reconocida por las mentes de los hombres en el plano ordinario de desarrollo, estando disponible para el uso en los seres del Plano Espiritual solamente: tal energía es impensable para el hombre ordinario. y puede ser considerado casi como "el poder divino". Los seres que emplean lo mismo son como "dioses" comparados incluso con los tipos humanos más elevados que conocemos.

El Gran Plano Mental comprende las formas de "cosas vivientes" que conocemos en la vida ordinaria, así como ciertas otras formas no tan conocidas, excepto por el ocultista. La clasificación de los Siete Planos Mentales Menores es más o menos satisfactoria y arbitraria (a menos que vaya acompañada de explicaciones elaboradas que sean ajenas al propósito de este trabajo en particular), pero también podemos mencionarlas. Son los siguientes:

1. El Plano de la Mente Mineral 2. El Plano de la Mente Elemental (A) 3. El Plano de la Mente Vegetal 4. El Plano de la Mente Elemental (B) 5. El plano de la mente animal 6. El Plano de la Mente Elemental (C) 7. El Plano de la Mente Humana

El Plano de la Mente Mineral comprende los "estados o condiciones" de las unidades o entidades, o grupos y combinaciones de las mismas, que animan las formas que conocemos como "minerales, químicos, etc." Estas entidades no deben confundirse con las moléculas, los átomos y los corpúsculos mismos, siendo estos últimos simplemente los cuerpos materiales o formas de estas entidades, así como el cuerpo de un hombre no es más que su forma material y no "él mismo". Estas entidades pueden ser llamadas "almas" en un sentido, y son seres vivientes de un bajo grado de desarrollo, vida y mente, sólo un poco más que las unidades de "energía viviente" que comprenden las subdivisiones superiores del Plano Físico más elevado. La mente común no atribuye generalmente la posesión de la mente, el alma o la vida al reino mineral, pero todos los ocultistas reconocen la existencia del mismo, y la ciencia moderna está avanzando rápidamente hacia el punto de vista hermético, a este respecto. Las moléculas, los átomos y los corpúsculos tienen sus "amores y odios"; "gustos y disgustos"; "Atracciones y repulsiones". "Afinidades y no afinidades", etc., y algunos de los más audaces de las mentes científicas modernas han expresado la opinión de que el deseo y la voluntad, las emociones y los sentimientos de los átomos difieren sólo en grado de los de los hombres. No tenemos tiempo ni espacio para discutir este asunto aquí. Todos los ocultistas saben que es un hecho, y otros son remitidos a algunas de las obras científicas más recientes para su corroboración externa. Hay las siete subdivisiones habituales de este plano.

El Plano de la Mente Elemental (A) comprende el estado o condición y el grado de desarrollo mental y vital de una clase de entidades desconocidas para el hombre común, pero reconocidas para los ocultistas. Son invisibles a los sentidos ordinarios del hombre, pero, sin embargo, existen y desempeñan su parte en el Drama del Universo. Su grado de inteligencia está entre el de las entidades minerales y químicas, por un lado, y el de las entidades del reino vegetal, por el otro. También hay siete subdivisiones en este plano.

El Plano de la Mente Vegetal, en sus siete subdivisiones, comprende los estados o condiciones de las entidades que componen los reinos del Mundo Vegetal, cuyos fenómenos vitales y mentales son bastante bien comprendidos por la persona inteligente promedio, habiéndose publicado muchas obras científicas nuevas e interesantes sobre "La Mente y la Vida en las Plantas" durante la última década. Las plantas tienen vida, mente y "almas", así como los animales, el hombre y el superhombre.

El Plano de la Mente Elemental (B), en sus siete subdivisiones, comprende los estados y condiciones de una forma superior de entidades "elementales" o invisibles, que desempeñan su papel en el trabajo general del Universo, cuya mente y vida forman parte de la escala entre el Plano de la Mente Vegetal y el Plano de la Mente Animal. las entidades que participan de la naturaleza de ambos.

El Plano de la Mente Animal, en sus siete subdivisiones, comprende los estados y condiciones de las entidades, seres o almas que animan las formas animales de vida, conocidas por todos nosotros. No es necesario entrar en detalles acerca de este reino o plano de vida, porque el mundo animal nos es tan familiar como lo es el nuestro.

El Plano de la Mente Elemental (C), en sus siete subdivisiones, comprende aquellas entidades o seres, invisibles como lo son todas estas formas elementales, que participan de la naturaleza de la vida animal y humana en cierto grado y en ciertas combinaciones. Las formas más elevadas son semihumanas en inteligencia.

El Plano de la Mente Humana, en sus siete subdivisiones, comprende aquellas manifestaciones de vida y mentalidad que son comunes al Hombre, en sus diversos grados, grados y divisiones. A este respecto, queremos señalar el hecho de que el hombre medio de hoy no ocupa más que la cuarta subdivisión del plano de la mente humana, y sólo los más inteligentes han cruzado las fronteras de la quinta subdivisión. La raza ha tardado millones de años en llegar a esta etapa, y se necesitarán muchos años más para que la raza pase a la sexta y séptima subdivisiones, y más allá. Pero recuerden que ha habido razas antes que nosotros que han pasado por estos grados, y luego a planos superiores. Nuestra propia raza es la quinta (con los rezagados de la cuarta) que ha puesto pie en el Sendero. Y luego hay unas pocas almas avanzadas de nuestra propia raza que han sobrepasado a las masas, y que han pasado a la sexta y séptima subdivisión, y unas pocas que están aún más avanzadas. El hombre de la Sexta Subdivisión será "El Superhombre"; el de la Séptima será "El Superhombre".

En nuestra consideración de los Siete Planos Mentales Menores, nos hemos limitado a referirnos a los Tres Planos Elementales de una manera general. No deseamos entrar en este tema en detalle en esta obra, porque no pertenece a esta parte de la filosofía y las enseñanzas generales. Pero podemos decir lo siguiente, para darles una idea un poco más clara, de las relaciones de estos planos con los más familiares: los Planos Elementales tienen la misma relación con los Planos de Mentalidad y Vida Mineral, Vegetal, Animal y Humana, que las teclas negras del piano con las teclas blancas. Las teclas blancas son suficientes para producir música, pero hay ciertas escalas, melodías y armonías en las que las teclas negras juegan su papel, y en las que su presencia es necesaria. También son necesarios como "eslabones de conexión" de la condición del alma; estados de entidad, etc., entre los diversos otros planos, alcanzando en ellos ciertas formas de desarrollo, dando este último hecho al lector que puede "leer entre líneas" una nueva luz sobre los procesos de la Evolución, y una nueva llave para la puerta secreta de los "saltos de la vida" entre reino y reino. Los grandes reinos de los Elementales son plenamente reconocidos por todos los ocultistas, y los escritos esotéricos están llenos de menciones de ellos. Los lectores de "Sanoni" de Bulwer y cuentos similares reconocerán a las entidades que habitan estos planos de vida.

Pasando del Gran Plano Mental al Gran Plano Espiritual, ¿qué diremos? ¿Cómo podemos explicar estos estados superiores de Ser, Vida y Mente, a mentes que aún no pueden captar y comprender las subdivisiones superiores del Plano de la Mente Humana? La tarea es imposible. Sólo podemos hablar en los términos más generales. ¿Cómo se puede describir la Luz a un ciego de nacimiento, cómo el azúcar, a un hombre que nunca ha probado nada dulce, cómo la armonía, a uno que nace sordo?

Todo lo que podemos decir es que los Siete Planos Menores del Gran Plano Espiritual (cada Plano Menor tiene sus siete subdivisiones) comprenden Seres que poseen Vida, Mente y Forma tan por encima del Hombre de hoy como éste está por encima de la lombriz de tierra, el mineral o incluso ciertas formas de Energía o Materia. La Vida de estos Seres trasciende tanto la nuestra, que ni siquiera podemos pensar en los detalles de la misma; Sus mentes trascienden tanto a las nuestras, que a ellos apenas les parecemos "pensar", y nuestros procesos mentales parecen casi semejantes a los procesos materiales; la Materia de la que se componen sus formas es de los Planos más elevados de la Materia, es más, algunos incluso se dice que están "revestidos de Energía Pura". ¿Qué se puede decir de tales Seres?

En los Siete Planos Menores del Gran Plano Espiritual existen Seres de los que podemos hablar como Ángeles; Arcángeles; Semidioses. En los Planos Menores inferiores habitan esas grandes almas a quienes llamamos Maestros y Adeptos. Por encima de ellos vienen las Grandes Jerarquías de las Huestes Angélicas, impensables para el hombre; y por encima de éstos vienen aquellos que pueden llamarse sin irreverencia "Los Dioses", tan altos están en la escala del Ser, siendo su ser, inteligencia y poder semejantes a los atribuidos por las razas de los hombres a sus concepciones de la Deidad. Estos Seres están más allá incluso de los vuelos más elevados de la imaginación humana, siendo la palabra "Divino" la única aplicable a ellos. Muchos de estos Seres, así como las Huestes Angélicas, tienen el mayor interés en los asuntos del Universo y juegan un papel importante en sus asuntos. Estas Divinidades Invisibles y Ayudantes Angélicos extienden su influencia libre y poderosamente en el proceso de la Evolución y el Progreso Cósmico. Su intervención y asistencia ocasionales en los asuntos humanos han dado lugar a muchas leyendas, creencias, religiones y tradiciones de la raza, pasadas y presentes. Han superpuesto su conocimiento y poder sobre el mundo, una y otra vez, todo bajo la Ley del TODO, por supuesto.

Pero, sin embargo, incluso los más elevados de estos Seres avanzados existen meramente como creaciones de y en la Mente del TODO, y están sujetos a los Procesos Cósmicos y a las Leyes Universales. Siguen siendo Mortales. Podemos llamarlos "dioses" si queremos, pero aun así no son más que los Hermanos Mayores de la Raza, las almas avanzadas que han aventajado a sus hermanos y que han renunciado al éxtasis de la Absorción por el Todo, a fin de ayudar a la raza en su viaje ascendente a lo largo del Sendero. Pero pertenecen al Universo, y están sujetos a sus condiciones, son mortales, y su plano está por debajo del del Espíritu Absoluto.

Sólo los hermetistas más avanzados son capaces de comprender las Enseñanzas Internas sobre el estado de existencia y los poderes manifestados en los Planos Espirituales. El fenómeno es tan superior al de los Planos Mentales, que una confusión de ideas resultaría seguramente de un intento de describirlo. Sólo aquellos cuyas mentes han sido cuidadosamente entrenadas a lo largo de las líneas de la Filosofía Hermética durante años, sí, aquellos que han traído consigo de otras encarnaciones el conocimiento adquirido anteriormente, pueden comprender exactamente lo que significa la Enseñanza con respecto a estos Planos Espirituales. Y gran parte de estas Enseñanzas Internas son consideradas por los hermetistas como demasiado sagradas, importantes e incluso peligrosas para la difusión pública general. El estudiante inteligente puede reconocer lo que queremos decir con esto cuando afirmamos que el significado de "Espíritu", tal como lo usan los hermetistas, es similar al "Poder Viviente"; "Fuerza animada"; "Esencia Interior"; "Esencia de la Vida", etc., significado que no debe confundirse con el que se emplea común y comúnmente en relación con el término, es decir, "religioso; eclesiástico; espiritual; etéreo; santo", etc., etc. Para los ocultistas, la palabra "Espíritu" se usa en el sentido de "El Principio Animador", llevando consigo la idea de Poder, Energía Viviente, Fuerza Mística, etc. Y los ocultistas saben que lo que ellos conocen como "Poder Espiritual" puede ser empleado tanto para fines malos como buenos (de acuerdo con el Principio de Polaridad), hecho que ha sido reconocido por la mayoría de las religiones en sus concepciones de Satanás, Belcebú, el Diablo, Lucifer, los Ángeles Caídos, etc. Y así, el conocimiento acerca de estos Planos se ha mantenido en el Lugar Santísimo de todas las Fraternidades Esotéricas y Órdenes Ocultas, en la Cámara Secreta del Templo. Pero esto puede decirse aquí, que aquellos que han alcanzado altos poderes espirituales y los han usado mal, tienen un destino terrible reservado para ellos, y la oscilación del péndulo del Ritmo inevitablemente los hará retroceder al extremo más lejano de la existencia Material, desde cuyo punto deben volver sobre sus pasos hacia el Espíritu, a lo largo de las agotadoras rondas del Sendero. pero siempre con la tortura añadida de tener siempre consigo un recuerdo persistente de las alturas desde las que cayeron debido a sus malas acciones. Las leyendas de los Ángeles Caídos tienen una base en hechos reales, como todos los ocultistas avanzados saben. El esfuerzo por el poder egoísta en los Planos Espirituales resulta inevitablemente en que el alma egoísta pierda su equilibrio espiritual y retroceda hasta donde había subido previamente. Pero incluso a una alma así, se le da la oportunidad de regresar, y tales almas hacen el viaje de regreso, pagando el terrible castigo de acuerdo con la Ley invariable.

Para concluir, nos gustaría recordarles nuevamente que según el Principio de Correspondencia, que encarna la verdad: "Como es Arriba es Abajo; todos los Siete Principios Herméticos están en pleno funcionamiento en todos los muchos planos, Físico, Mental y Espiritual. El Principio de la Substancia Mental, por supuesto, se aplica a todos los planos, porque todos se mantienen en la Mente del TODO. El Principio de Correspondencia se manifiesta en todos, porque hay una correspondencia, armonía y acuerdo entre los diversos planos. El Principio de Vibración se manifiesta en todos los planos, de hecho las mismas diferencias que van a hacer que los "planos" surjan de la Vibración, como hemos explicado. El Principio de Polaridad se manifiesta en cada plano, siendo los extremos de los Polos aparentemente opuestos y contradictorios. El Principio del Ritmo se manifiesta en cada Plano, el movimiento de los fenómenos tiene su flujo y reflujo, su ascenso y su flujo, su entrada y su salida. El Principio de Causa y Efecto se manifiesta en cada Plano, cada Efecto tiene su Causa y cada Causa tiene su efecto. El Principio de Género se manifiesta en cada Plano, estando siempre manifestada la Energía Creativa, y operando a lo largo de las líneas de sus Aspectos Masculino y Femenino.

"Como es arriba es abajo; como Abajo, es Arriba". Este axioma hermético de siglos de antigüedad encarna uno de los grandes Principios de los

Fenómenos Universales. A medida que prosigamos con nuestra consideración de los Principios restantes, veremos aún más claramente la verdad de la naturaleza universal de este gran Principio de Correspondencia.

CAPÍTULO IX

VIBRACIÓN

"Nada descansa; todo se mueve; todo vibra". —El Kybalion.

El gran Tercer Principio Hermético, el Principio de Vibración, encarna la verdad de que el Movimiento se manifiesta en todo en el Universo, que nada está en reposo, que todo se mueve, vibra y da vueltas. Este principio hermético fue reconocido por algunos de los primeros filósofos griegos que lo incorporaron en sus sistemas. Pero, entonces, durante siglos fue perdido de vista por los pensadores fuera de las filas herméticas. Pero en el siglo XIX la ciencia física redescubrió la verdad, y los descubrimientos científicos del siglo XX han añadido pruebas adicionales de la exactitud y verdad de esta doctrina hermética de siglos de antigüedad.

Las Enseñanzas Herméticas son que no sólo todo está en constante movimiento y vibración, sino que las "diferencias" entre las diversas manifestaciones del poder universal se deben enteramente a la variación de la velocidad y el modo de las vibraciones. Y no sólo esto, sino que incluso EL TODO, en sí mismo, manifiesta una vibración constante de un grado tan infinito de intensidad y movimiento rápido que puede considerarse prácticamente como en reposo, dirigiendo los maestros la atención de los estudiantes al hecho de que incluso en el plano físico un objeto que se mueve rápidamente (como una rueda giratoria) parece estar en reposo. Las Enseñanzas son en el sentido de que el Espíritu está en un extremo del Polo de Vibración, siendo el otro Polo ciertas formas extremadamente burdas de Materia. Entre estos dos polos hay millones y millones de diferentes velocidades y modos de vibración.

La Ciencia Moderna ha demostrado que todo lo que llamamos Materia y Energía no son más que "modos de movimiento vibratorio", y algunos de los científicos más avanzados se están moviendo rápidamente hacia las posiciones de los ocultistas que sostienen que los fenómenos de la Mente son igualmente modos de vibración o movimiento. Veamos lo que la ciencia tiene que decir con respecto a la cuestión de las vibraciones en la materia y la energía.

En primer lugar, la ciencia enseña que toda la materia manifiesta, en algún grado, las vibraciones que surgen de la temperatura o del calor. Ya sea un objeto frío o caliente, siendo ambos grados de las mismas cosas, manifiesta ciertas vibraciones de calor, y en ese sentido está en movimiento y vibración. Entonces todas las partículas de la Materia están en movimiento circular, desde el corpúsculo hasta los soles. Los planetas giran alrededor de los soles, y muchos de ellos giran sobre sus ejes. Los soles se mueven alrededor de puntos centrales más grandes, y se cree que éstos se mueven alrededor de puntos aún más grandes, y así sucesivamente, hasta el infinito. Las moléculas de las que se componen las clases particulares de materia están en un estado de constante vibración y movimiento unas alrededor de otras y unas contra otras. Las moléculas están compuestas de átomos, los cuales, asimismo, se encuentran en un estado de constante movimiento y vibración. Los átomos están compuestos de corpúsculos, a veces llamados "electrones", "iones", etc., que también están en un estado de movimiento rápido, girando unos alrededor de otros, y que manifiestan un estado y modo de vibración muy rápidos. Y así vemos que todas las formas de la Materia manifiestan Vibración, de acuerdo con el Principio Hermético de la Vibración.

Y así es con las diversas formas de Energía. La ciencia enseña que la luz, el calor, el magnetismo y la electricidad no son más que formas de movimiento vibratorio conectado de alguna manera con el éter y probablemente emanando de él. La ciencia no intenta todavía explicar la naturaleza de los fenómenos conocidos como Cohesión, que es el principio de la Atracción Molecular; ni la Afinidad Química, que es el principio de la Atracción Atómica; ni la gravitación (el mayor misterio de los tres), que es el principio de atracción por el cual cada partícula o masa de materia está ligada a cualquier otra partícula o masa. Estas tres formas de energía aún no son comprendidas por la ciencia, sin embargo, los escritores se inclinan a la opinión de que estas también son manifestaciones de alguna forma de energía vibratoria, un hecho que los hermetistas han sostenido y enseñado durante épocas pasadas.

El Éter Universal, que es postulado por la ciencia sin que su naturaleza sea claramente comprendida, es sostenido por los Hermetistas como una manifestación superior de lo que erróneamente se llama materia, es decir, Materia en un grado superior de vibración, y es llamado por ellos "La Sustancia Etérea". Los hermetistas enseñan que esta Sustancia Etérea es de extrema tenuidad y elasticidad, e impregna el espacio universal, sirviendo como medio de transmisión de ondas de energía vibratoria, como el calor, la luz, la electricidad, el magnetismo, etc. Las Enseñanzas son que La Substancia Etérea es un enlace de conexión entre las formas de energía vibratoria conocida como "Materia" por un lado, y "Energía o Fuerza" por el otro; y también que manifiesta un grado de vibración, en velocidad y modo, enteramente propio.

Los científicos han ofrecido la ilustración de una rueda, trompo o cilindro que se mueve rápidamente, para mostrar los efectos de las tasas crecientes de vibración. La ilustración supone una rueda, trompo o cilindro giratorio, que funciona a baja velocidad; llamaremos a esta cosa giratoria "el objeto" al seguir la ilustración. Supongamos que el objeto se mueve lentamente. Se puede ver fácilmente, pero ningún sonido de su movimiento llega al oído. La velocidad se incrementa gradualmente. En unos momentos, su movimiento se vuelve tan rápido que se puede escuchar un gruñido profundo o una nota baja. Luego, a medida que se aumenta la tasa, la nota sube uno en la escala musical. Luego, al aumentar aún más el movimiento, se distingue la siguiente nota más alta. Luego, una tras otra, aparecen todas las notas de la escala musical, subiendo más y más a medida que se incrementa el movimiento. Finalmente, cuando los movimientos han alcanzado un cierto ritmo, se alcanza la nota final perceptible para los oídos humanos y el grito agudo y penetrante se extingue, y sigue el silencio. No se oye ningún sonido del objeto giratorio, siendo la velocidad de movimiento tan alta que el oído humano no puede registrar las vibraciones. Luego viene la percepción de grados crecientes de calor. Luego, después de bastante tiempo, el ojo vislumbra que el objeto se vuelve de un color rojizo oscuro opaco. A medida que aumenta la tasa, el rojo se vuelve más brillante. Luego, a medida que aumenta la velocidad, el rojo se funde en naranja. Luego, el naranja se funde en amarillo. Luego siguen, sucesivamente, los tonos de verde, azul, índigo y finalmente violeta, a medida que aumenta la tasa de aceleración. Entonces el violeta se oscurece y todo el color desaparece, sin que el ojo humano sea capaz de registrarlos. Pero hay rayos invisibles que emanan del objeto giratorio, los rayos que se utilizan para fotografiar y otros rayos de luz sutiles. Entonces comienzan a manifestar los rayos peculiares conocidos como los "Rayos X", etc., a medida que cambia la constitución del objeto. La electricidad y el magnetismo se emiten cuando se alcanza la tasa adecuada de vibración.

Cuando el objeto alcanza una cierta tasa de vibración, sus moléculas se desintegran y se resuelven en los elementos o átomos originales. Entonces los átomos, siguiendo el Principio de Vibración, se separan en los innumerables corpúsculos de los que están compuestos. Y finalmente, incluso los corpúsculos desaparecen y puede decirse que el objeto está compuesto de la sustancia etérea. La ciencia no se atreve a seguir más allá de la ilustración, pero los hermetistas enseñan que si las vibraciones se incrementan continuamente, el objeto acumula los sucesivos estados de manifestación y a su vez manifiesta las diversas etapas mentales, y luego hacia el Espíritu, hasta que finalmente vuelve a entrar en EL TODO, que es el Espíritu Absoluto. Sin embargo, el "objeto" habría dejado de ser un "objeto" mucho antes de que se alcanzara la etapa de la sustancia etérea, pero por lo demás la ilustración es correcta en la medida en que muestra el efecto de tasas y modos de vibración constantemente aumentados. Debe recordarse, en la ilustración anterior, que en las etapas en las que el "objeto" emite vibraciones de luz, calor, etc., no se "resuelve" realmente en esas formas de energía (que están mucho más arriba en la escala), sino simplemente que alcanza un grado de vibración en el que esas formas de energía se liberan. hasta cierto punto, de las influencias limitantes de sus moléculas, átomos y corpúsculos, según sea el caso. Estas formas de energía, aunque mucho más elevadas en la escala que la materia, están aprisionadas y confinadas en las combinaciones materiales, en razón de las energías que se manifiestan a través de las formas materiales y las utilizan, pero que así se enredan y confinan en sus creaciones de formas materiales, lo cual, hasta cierto punto, es cierto de todas las creaciones, ya que la fuerza creadora se involucra en su creación.

Pero las enseñanzas herméticas van mucho más lejos que las de la ciencia moderna. Enseñan que toda manifestación de pensamiento, emoción, razón, voluntad o deseo, o cualquier estado o condición mental, van acompañadas de vibraciones, una parte de las cuales son expulsadas y que tienden a afectar las mentes de otras personas por "inducción". Este es el principio que produce los fenómenos de la "telepatía"; La influencia mental y otras formas de acción y poder de la mente sobre la mente, con las que el público en general se está familiarizando rápidamente, debido a la amplia difusión del conocimiento oculto por las diversas escuelas, cultos y maestros en este sentido.

Cada pensamiento, emoción o estado mental tiene su correspondiente tasa y modo de vibración. Y por un esfuerzo de la voluntad de la persona, o de otras personas, estos estados mentales pueden ser reproducidos, así como un tono musical puede ser reproducido haciendo que un instrumento vibre a cierta velocidad, así como el color puede ser reproducido en el mismo tiempo. Mediante el conocimiento del Principio de Vibración, aplicado a los Fenómenos Mentales, uno puede polarizar su mente en cualquier grado que desee, obteniendo así un perfecto control sobre sus estados mentales, estados de ánimo, etc. De la misma manera, puede afectar las mentes de los demás, produciendo en ellos los estados mentales deseados. En resumen, puede ser capaz de producir en el Plano Mental lo que la ciencia produce en el Plano Físico, es decir, "Vibraciones a Voluntad". Por supuesto, este poder sólo puede adquirirse mediante la instrucción, los ejercicios, la práctica, etc., siendo la ciencia la de la Transmutación Mental, una de las ramas del Arte Hermético.

Una pequeña reflexión sobre lo que hemos dicho mostrará al estudiante que el Principio de Vibración subyace en los maravillosos fenómenos del poder manifestado por los Maestros y Adeptos, que aparentemente pueden dejar de lado las Leyes de la Naturaleza, pero que, en realidad, simplemente están usando una ley contra otra; un principio contra otros; y que logran sus resultados cambiando las vibraciones de los objetos materiales, o formas de energía, y así realizan lo que comúnmente se llama "milagros".

Como bien ha dicho uno de los antiguos escritores herméticos: "Aquel que comprende el Principio de Vibración, ha agarrado el cetro del Poder".

CAPÍTULO X

POLARIDAD

"Todo es dual; todo tiene polos; Todo tiene su par de opuestos; lo semejante y lo diferente son lo mismo; Los opuestos son idénticos en naturaleza, pero diferentes en grado; los extremos se encuentran; Todas las verdades no son más que medias verdades; Todas las paradojas pueden ser reconciliadas". —El Kybalion.

El gran Cuarto Principio Hermético, el Principio de Polaridad, encarna la verdad de que todas las cosas manifestadas tienen "dos lados"; "dos aspectos"; "dos polos"; un "par de opuestos", con múltiples grados entre los dos extremos. Las viejas paradojas, que siempre han dejado perpleja la mente de los hombres, se explican mediante la comprensión de este principio. El hombre siempre ha reconocido algo semejante a este Principio, y se ha esforzado por expresarlo con dichos, máximas y aforismos como los siguientes: "Todo es y no es, al mismo tiempo"; "todas las verdades no son más que medias verdades"; "toda verdad es falsa a medias"; "Hay dos lados en todo", "hay un reverso en cada escudo", etc., etc.

Las Enseñanzas Herméticas son en el sentido de que la diferencia entre cosas aparentemente diametralmente opuestas entre sí es meramente una cuestión de grado. Enseña que "los pares de opuestos pueden reconciliarse", y que "la tesis y la antítesis son idénticas en naturaleza, pero diferentes en grado"; y que la "reconciliación universal de los opuestos" se efectúa mediante el reconocimiento de este Principio de Polaridad. Los maestros afirman que se pueden tener ilustraciones de este Principio en todas partes, y a partir de un examen de la naturaleza real de cualquier cosa. Comienzan por mostrar que el Espíritu y la Materia no son más que los dos polos de la misma cosa, siendo los planos intermedios meros grados de vibración. Muestran que EL TODO y LOS MUCHOS son lo mismo, siendo la diferencia meramente una cuestión de grado de Manifestación Mental. Así, la Ley y las Leyes son los dos polos opuestos de una misma cosa. Igualmente, PRINCIPIO y Principios. Mente infinita y mentes finitas.

Luego, pasando al Plano Físico, ilustran el Principio mostrando que el Calor y el Frío son idénticos en naturaleza, siendo las diferencias meramente una cuestión de grados. El termómetro muestra muchos grados de temperatura, el polo más bajo se llama "frío" y el más alto "calor". Entre estos dos polos hay muchos grados de "calor" o "frío", llámelos a cualquiera de los dos y tendrá la misma razón. El más alto de dos grados siempre es "más cálido", mientras que el más bajo siempre es "más frío". No hay un estándar absoluto, todo es cuestión de grado. No hay ningún lugar en el termómetro donde cese el calor y comience el frío. Todo es cuestión de vibraciones más altas o más bajas. Los mismos términos "alto" y "bajo", que nos vemos obligados a usar, no son más que polos de la misma cosa: los términos son relativos. Así que con "Este y Oeste", viaja alrededor del mundo en una dirección hacia el este, y llegas a un punto que se llama oeste en tu punto de partida, y regresas desde ese punto hacia el oeste. Viaja lo suficientemente al norte y te encontrarás viajando hacia el sur, o viceversa.

La Luz y la Oscuridad son polos de la misma cosa, con muchos grados entre ellos. La escala musical es la misma: comenzando con "C" te mueves hacia arriba hasta llegar a otro "C" y así sucesivamente, las diferencias entre los dos extremos del tablero son las mismas, con muchos grados entre los dos extremos. La escala de color es la misma: las vibraciones más altas y más bajas son la única diferencia entre el violeta alto y el rojo bajo. Lo grande y lo pequeño son relativos. También lo son el ruido y la tranquilidad; Duro y Suave siguen la regla. Igualmente agudo y apagado. Positivo y Negativo son dos polos de la misma cosa, con innumerables grados entre ellos.

El Bien y el Mal no son absolutos: llamamos a un extremo de la escala Bueno y al otro Malo, o a un extremo Bien y al otro Mal, según el uso de los términos. Una cosa es "menos buena" que la cosa que está más arriba en la escala; Pero esa cosa "menos buena", a su vez, es "más buena" que la que está por debajo de ella, y así sucesivamente, siendo el "más o menos" regulado por la posición en la balanza.

Y así es en el Plano Mental. "Amor y. El "odio" se considera generalmente como cosas diametralmente opuestas entre sí; completamente diferente; irreconciliables. Pero aplicamos el Principio de Polaridad; encontramos que no existe tal cosa como el Amor Absoluto o el Odio Absoluto, a diferencia uno del otro. Los dos son simplemente términos aplicados a los dos polos de la misma cosa. Comenzando en cualquier punto de la escala encontramos "más amor" o "menos odio", a medida que ascendemos en la escala; y "más odio" o "menos amor" a medida que descendemos, siendo esto cierto sin importar desde qué punto, alto o bajo, podamos comenzar. Hay grados de Amor y Odio, y hay un punto medio en el que "Me gusta y No me gusta" se vuelve tan tenue que es difícil distinguirlos. El coraje y el miedo caen bajo la misma regla. Los Pares de Opuestos existen en todas partes. Donde se encuentra una cosa, se encuentra su opuesto: los dos polos.

Y es este hecho el que permite al hermetista transmutar un estado mental en otro, a lo largo de las líneas de la Polarización. Las cosas que pertenecen a diferentes clases no pueden transmutarse entre sí, pero las cosas de la misma clase pueden cambiarse, es decir, pueden cambiar su polaridad. Así, el Amor nunca se convierte en Oriente o Oeste, o Rojo o Violeta, pero puede convertirse y a menudo lo hace en Odio, y del mismo modo el Odio puede transformarse en Amor, cambiando su polaridad. El coraje puede transmutarse en miedo, y al revés. Las cosas duras pueden convertirse en blandas. Las cosas aburridas se vuelven agudas. Las cosas calientes se vuelven frías. Y así sucesivamente, siendo siempre la transmutación entre cosas de la misma clase de diferentes grados. Tomemos el caso de un hombre temeroso. Al elevar sus vibraciones mentales a lo largo de la línea del Miedo-Coraje, puede llenarse con el más alto grado de Coraje e Intrepidez. Y, del mismo modo, el hombre perezoso puede transformarse en un individuo activo y enérgico simplemente polarizándose a lo largo de las líneas de la cualidad deseada.

El estudiante que está familiarizado con los procesos por los cuales las diversas escuelas de la Ciencia Mental, etc., producen cambios en los estados mentales de aquellos que siguen sus enseñanzas, puede no comprender fácilmente el principio que subyace a muchos de estos cambios. Sin embargo, una vez que se comprende el Principio de Polaridad, y se ve que los cambios mentales son ocasionados por un cambio de polaridad, un deslizamiento a lo largo de la misma escala, el Sombrerero se comprende fácilmente. El cambio no está en la naturaleza de una transmutación de una cosa en otra cosa completamente diferente, sino que es simplemente un cambio de grado en las mismas cosas, una diferencia enormemente importante. Por ejemplo, tomando prestada una analogía del Plano Físico, es imposible cambiar el Calor en Nitidez, Sonoridad, Altivez, etc., pero el Calor puede transmutarse fácilmente en Frío, simplemente bajando las vibraciones. De la misma manera, el Odio y el Amor son mutuamente transmutables; también lo son el Miedo y el Coraje. Pero el Miedo no puede transformarse en Amor, ni el Coraje puede transmutarse en Odio. Los estados mentales pertenecen a innumerables clases, cada una de las cuales tiene sus polos opuestos, a lo largo de los cuales es posible la transmutación.

El estudiante reconocerá fácilmente que en los estados mentales, así como en los fenómenos del plano físico, los dos polos pueden clasificarse como positivos y negativos, respectivamente. Así, el amor es positivo para el odio; coraje para temer; De la actividad a la no actividad, etc., etc. Y también se notará que incluso para aquellos que no están familiarizados con el Principio de Vibración, el polo Positivo parece ser de un grado más alto que el Negativo, y lo domina fácilmente. La tendencia de la Naturaleza va en la dirección de la actividad dominante del polo Positivo.

Además del cambio de los polos de los propios estados mentales por la operación del arte de la polarización, los fenómenos de la influencia mental, en sus múltiples fases, nos muestran que el principio puede extenderse hasta abarcar los fenómenos de la influencia de una mente sobre la de otra, de los cuales tanto se ha escrito y enseñado en los últimos años. Cuando se comprende que la inducción mental es posible, es decir, que los estados mentales pueden ser producidos por "inducción" de otros, entonces podemos ver fácilmente cómo una cierta tasa de vibración, o polarización de un cierto estado mental, puede ser comunicada a otra persona, y su polaridad en esa clase de estados mentales puede ser cambiada. Es a través de este principio que se obtienen los resultados de muchos de los "tratamientos mentales". Por ejemplo, una persona es "triste", melancólica y llena de miedo. Un científico mental que lleva su propia mente a la vibración deseada por su voluntad entrenada, y así obtiene la polarización deseada en su propio caso, produce entonces un estado mental similar en el otro por inducción, el resultado es que las vibraciones se elevan y la persona se polariza hacia el extremo positivo de la escala en lugar de hacia el negativo. y su Miedo y otras emociones negativas se transmutan en Coraje y estados mentales positivos similares. Un pequeño estudio os mostrará que estos cambios mentales están casi todos a lo largo de la línea de la Polarización, siendo el cambio de grado más que de clase.

El conocimiento de la existencia de este gran Principio Hermético permitirá al estudiante comprender mejor sus propios estados mentales y los de otras personas. Verá que todos estos estados son asuntos de grado, y al ver esto, podrá subir o bajar la vibración a voluntad, cambiar sus polos mentales, y así ser el amo de sus estados mentales, en lugar de ser su siervo y esclavo. Y por su conocimiento, será capaz de ayudar a sus semejantes inteligentemente y por los métodos apropiados cambiar la polaridad cuando lo mismo sea deseable. Aconsejamos a todos los estudiantes que se familiaricen con este Principio de Polaridad, ya que una correcta comprensión del mismo arrojará luz sobre muchos temas difíciles.

CAPÍTULO XI

CADENCIA

"Todo fluye hacia afuera y hacia adentro; todo tiene sus mareas; todas las cosas suben y bajan; la oscilación del péndulo se manifiesta en todo; la medida del balanceo a la derecha, es la medida del balanceo a la izquierda; el ritmo compensa" (El Kybalion).

El gran Quinto Principio Hermético, el Principio del Ritmo, encarna la verdad de que en todo se manifiesta un movimiento medido; un movimiento de ida y vuelta; un flujo y un flujo de entrada; un balanceo hacia adelante y hacia atrás; un movimiento pendular; un flujo y reflujo similar al de una marea; una marea alta y una marea baja; entre los dos polos se manifiestan en los planos físico, mental o espiritual. El Principio del Ritmo está estrechamente relacionado con el Principio de Polaridad descrito en el capítulo anterior. El ritmo se manifiesta entre los dos polos establecidos por el Principio de Polaridad. Esto no significa, sin embargo, que el péndulo del Ritmo oscile hacia los polos extremos, ya que esto rara vez sucede; De hecho, es difícil establecer los polos opuestos extremos en la mayoría de los casos. Pero el columpio es siempre "hacia" primero un polo y luego el otro.

Siempre hay una acción y una reacción; un avance y un retroceso; un levantamiento y un hundimiento; manifestado en todos los aires y fenómenos del Universo. Los soles, los mundos, los hombres, los animales, las plantas, los minerales, las fuerzas, la energía, la mente y la materia, sí, incluso el Espíritu, manifiestan este Principio. El Principio se manifiesta en la creación y destrucción de mundos; en el ascenso y la caída de las naciones; en la historia de la vida de todas las cosas; y finalmente en los estados mentales del Hombre.

Comenzando con las manifestaciones del Espíritu, del TODO, se notará que siempre existe el Derramamiento y la Atracción Interior; la "Exhalación e Inhalación de Brahm", como la llaman los Brahmanes. Los universos se crean; alcanzan su punto más bajo de materialidad; y luego comienzan en su swing ascendente. Los soles surgen a la existencia, y entonces se alcanza su cumbre de poder, comienza el proceso de regresión, y después de eones se convierten en masas muertas de materia, esperando otro impulso que inicie de nuevo sus energías internas en

actividad y se inicie un nuevo ciclo de vida solar. Y así es con todos los mundos; nacen, crecen y mueren; solo para renacer. Y así es con todas las cosas de forma y figura; oscilan de la acción a la reacción; desde el nacimiento hasta la muerte; de la actividad a la inactividad, y luego de regreso. Así es con todos los seres vivos; nacen, crecen y mueren, y luego renacen. Lo mismo sucede con todos los grandes movimientos, filosofías, credos, modas, gobiernos, naciones y todo lo demás: nacimiento, crecimiento, madurez, decadencia, muerte, y luego el nuevo nacimiento. La oscilación del péndulo está siempre en evidencia.

La noche sigue al día; y día noche. El péndulo oscila de verano a invierno, y luego de regreso. Los corpúsculos, los átomos, las moléculas y todas las masas de materia, giran alrededor del círculo de su naturaleza. No existe tal cosa como el reposo absoluto, o el cese del movimiento, y todo movimiento participa del ritmo. El principio es de aplicación universal. Se puede aplicar a cualquier pregunta o fenómeno de cualquiera de los muchos planos de la vida. Se puede aplicar a todas las fases de la actividad humana. Siempre está el swing rítmico de un polo al otro. El Péndulo Universal está siempre en movimiento. Las Mareas de la Vida fluyen hacia adentro y hacia afuera, de acuerdo con la Ley.

El principio del ritmo es bien entendido por la ciencia moderna, y se considera una ley universal aplicada a las cosas materiales. Pero los hermetistas llevan el principio mucho más lejos, y saben que sus manifestaciones e influencia se extienden a las actividades mentales del hombre, y que explica la desconcertante sucesión de estados de ánimo, sentimientos y otros cambios molestos y desconcertantes que notamos en nosotros mismos. Pero los hermetistas, al estudiar las operaciones de este principio, han aprendido a escapar de algunas de sus actividades por medio de la transmutación.

Los Maestros Herméticos descubrieron hace mucho tiempo que, si bien el Principio del Ritmo era invariable y siempre evidente en los fenómenos mentales, había dos planos de su manifestación en lo que se refiere a los fenómenos mentales. Descubrieron que había dos planos generales de conciencia, el inferior y el superior, cuya comprensión les permitió elevarse al plano superior y escapar así de la oscilación del péndulo rítmico que se manifestaba en el plano inferior. En otras palabras, la oscilación del péndulo ocurrió en el Plano Inconsciente y la Conciencia no se vio afectada. A esto lo llaman la Ley de Neutralización. Sus operaciones consisten en elevar el Ego por encima de las vibraciones del

Plano Inconsciente de la actividad mental, de modo que la oscilación negativa del péndulo no se manifiesta en la conciencia y, por lo tanto, no se ven afectados. Es como elevarse por encima de una cosa y dejar que pase por debajo de ti. El Maestro Hermético, o estudiante avanzado, se polariza en el polo deseado y, por un proceso semejante a "negarse" a participar en la oscilación hacia atrás o, si se prefiere, a una "negación" de su influencia sobre él, se mantiene firme en su posición polarizada y permite que el péndulo mental oscile de nuevo a lo largo del plano inconsciente. Todos los individuos que han alcanzado algún grado de autodominio, lo logran, más o menos sin saberlo, y al negarse a permitir que sus estados de ánimo y estados mentales negativos los afecten, aplican la Ley de Neutralización. El Maestro, sin embargo, lleva esto a un grado mucho más alto de habilidad, y por el uso de su Voluntad alcanza un grado de Equilibrio y Firmeza Mental casi imposible de creer por parte de aquellos que se dejan balancear hacia atrás y hacia adelante por el péndulo mental de los estados de ánimo y los sentimientos.

La importancia de esto será apreciada por cualquier persona pensante que se dé cuenta de lo criaturas de estados de ánimo, sentimientos y emociones que son la mayoría de las personas, y del poco dominio de sí mismas que manifiestan. Si te detienes y consideras un momento, te darás cuenta de cuánto te han afectado estos vaivenes del ritmo en tu vida, cómo un período de entusiasmo ha sido seguido invariablemente por un sentimiento y un estado de ánimo opuestos de depresión. Del mismo modo, sus estados de ánimo y períodos de Coraje han sido sucedidos por estados de ánimo iguales de Miedo. Y así ha sido siempre con la mayoría de las personas: las mareas de los sentimientos han subido y bajado con ellas, pero nunca han sospechado la causa o la razón de los fenómenos mentales. La comprensión de los mecanismos de este Principio le dará a uno la clave para el Dominio de estos vaivenes rítmicos de los sentimientos, y le permitirá conocerse mejor a sí mismo y evitar ser arrastrado por estos flujos de entrada y salida. La Voluntad es superior a la manifestación consciente de este Principio, aunque el Principio mismo nunca pueda ser destruido. Podemos escapar a sus efectos, pero el Principio opera, no obstante. El péndulo siempre oscila, aunque podamos escapar de ser arrastrados por él.

Hay otras características de la operación de este Principio del Ritmo de las que deseamos hablar en este punto. Allí entra en sus operaciones lo que se conoce como la Ley de la Compensación. Una de las definiciones o significados de la palabra "Compensar" es "contrapesar", que es el sentido en el que los hermetistas usan el término. Es a esta Ley de Compensación a la que se refiere el Kybalion cuando dice: "La medida del balanceo hacia la derecha es la medida del balanceo hacia la izquierda; el ritmo compensa".

La Ley de la Compensación es que la oscilación en una dirección determina la oscilación en la dirección opuesta, o hacia el polo opuesto: una equilibra o contrarresta la otra. En el Plano Físico vemos muchos ejemplos de esta Ley. El péndulo del reloj oscila una cierta distancia hacia la derecha y luego una distancia igual hacia la izquierda. Las estaciones se equilibran entre sí de la misma manera. Las mareas siguen la misma Ley. Y la misma Ley se manifiesta en todos los fenómenos del Ritmo. El péndulo, con una oscilación corta en una dirección, no tiene más que una oscilación corta en la otra; mientras que el swing largo a la derecha invariablemente significa el swing largo a la izquierda. Un objeto lanzado hacia arriba a una cierta altura tiene una distancia igual para recorrer a su regreso. La fuerza con la que un proyectil es enviado hacia arriba una milla se reproduce cuando el proyectil regresa a la tierra en su viaje de regreso. Esta Ley es constante en el Plano Físico, como lo demostrarán las referencias a las autoridades estándar.

Pero los hermetistas lo llevan aún más lejos. Enseñan que los estados mentales de un hombre están sujetos a la misma Ley. El hombre que goza intensamente, está sujeto a un agudo sufrimiento; mientras que el que siente poco dolor es capaz de sentir poca alegría. El cerdo sufre muy poco mentalmente, y disfruta muy poco: se le compensa. Y por otro lado, hay otros animales que disfrutan intensamente, pero cuyo organismo nervioso y temperamento les hacen sufrir exquisitos grados de dolor y así sucede con el Hombre. Hay temperamentos que no permiten más que bajos grados de goce, e igualmente bajos grados de sufrimiento; mientras que hay otros que permiten el disfrute más intenso, pero también el sufrimiento más intenso. La regla es que la capacidad de dolor y placer, en cada individuo, están equilibradas. La Ley de Compensación está en pleno funcionamiento aquí.

Pero los hermetistas van aún más lejos en este asunto. Enseñan que antes de que uno sea capaz de disfrutar de un cierto grado de placer, debe haberse balanceado lo más posible, proporcionalmente, hacia el otro polo de los sentimientos. Sostienen, sin embargo, que lo negativo es precedente a lo positivo en esta materia, es decir, que al experimentar un cierto grado de placer no se sigue que tenga que "pagar por ello" con un grado correspondiente de dolor; por el contrario, el placer es el balanceo rítmico, de acuerdo con la Ley de Compensación, por un grado de dolor previamente experimentado en la vida presente, o en una encarnación anterior. Esto arroja una nueva luz sobre el problema del dolor.

Los hermetistas consideran la cadena de vidas como continua y como parte de la vida del individuo, de modo que, en consecuencia, la oscilación rítmica se entiende de esta manera, mientras que carecería de sentido si no se admitiera la verdad de la reencarnación.

Pero los hermetistas afirman que el Maestro o estudiante avanzado es capaz, en gran grado, de escapar del giro hacia el dolor, mediante el proceso de neutralización antes mencionado. Al elevarse al plano superior del Ego, gran parte de la experiencia que llega a aquellos que moran en el plano inferior es evitada y escapada.

La Ley de Indemnización desempeña un papel importante en la vida de los hombres y las mujeres. Se notará que uno generalmente "paga el precio" de cualquier cosa que posea o le falte. Si tiene una cosa, le falta otra: el equilibrio está logrado. Nadie puede "guardar su centavo y tener el pedazo de pastel" al mismo tiempo: Todo tiene sus lados agradables y desagradables. Las cosas que uno gana siempre se pagan con las cosas que uno pierde. Los ricos poseen mucho de lo que carecen los pobres, mientras que los pobres a menudo poseen cosas que están fuera del alcance de los ricos. El millonario puede tener la inclinación hacia los banquetes, y la riqueza con que asegurar todas las golosinas y lujos de la mesa, mientras que carece del apetito para disfrutar de los mismos; Envidia el apetito y la digestión del trabajador que carece de la riqueza y las inclinaciones del millonario, y que obtiene más placer de su comida sencilla que el que el millonario podría obtener, incluso si su apetito no estuviera hastiado, ni su digestión arruinada, porque las necesidades, los hábitos y las inclinaciones difieren. Y así es a través de la vida. La Ley de la Compensación está siempre en funcionamiento, esforzándose por equilibrar y contrarrestar, y siempre teniendo éxito a tiempo, aunque se requieran varias vidas para la oscilación de regreso del Péndulo del Ritmo.

CAPÍTULO XII

CAUSALIDAD

"Toda Causa tiene su Efecto; todo Efecto tiene su Causa; todo sucede de acuerdo a la Ley; El azar no es más que un nombre para el Derecho no reconocido; hay muchos planos de causalidad, pero nada escapa a la Ley". —El Kybalion.

El gran Sexto Principio Hermético, el Principio de Causa y Efecto, encarna la verdad de que la Ley impregna el Universo; que nada sucede por casualidad; que el azar no es más que un término que indica una causa existente pero no reconocida ni percibida; Ese fenómeno es continuo, sin interrupción ni excepción.

El Principio de Causa y Efecto subyace en todo el pensamiento científico, antiguo y moderno, y fue enunciado por los Maestros Herméticos en los primeros días. Aunque desde entonces han surgido muchas y variadas disputas entre las muchas escuelas de pensamiento, estas disputas se han centrado principalmente en los detalles de las operaciones del Principio, y aún más a menudo en el significado de ciertas palabras. El Principio subyacente de Causa y Efecto ha sido aceptado como correcto por prácticamente todos los pensadores del mundo dignos de ese nombre. Pensar de otra manera sería tomar los fenómenos del universo del dominio de la Ley y el Orden, y relegarlos; al control de lo imaginario, algo que los hombres han llamado "Azar".

Un poco de consideración le mostrará a cualquiera que en realidad no existe tal cosa como el puro azar. Webster define la palabra "Azar" de la siguiente manera: "Un supuesto agente o modo de actividad distinto de una fuerza, ley o propósito; la operación o actividad de dicho agente; el supuesto efecto de tal agente; un suceso; casualidad; accidentes, etc." Pero un poco de consideración le mostrará que no puede haber tal agente como "Azar", en el sentido de algo fuera de la Ley, algo fuera de la Causa y el Efecto. ¿Cómo podría haber algo actuando en el universo fenoménico, independientemente de las leyes, el orden y la continuidad de este último? Tal algo sería enteramente independiente de la tendencia ordenada del universo y, por lo tanto, superior a ella. No podemos imaginar que nada fuera de EL TODO esté fuera de la Ley, y eso sólo porque EL TODO es la LEY en sí misma. No hay lugar en el universo para algo fuera de la Ley e independiente de ella. La existencia de tal Algo haría ineficaces todas las Leyes Naturales, y sumiría al universo en el desorden caótico y la anarquía.

Un examen cuidadoso mostrará que lo que llamamos "Azar" no es más que una expresión relativa a causas oscuras; causas que no podemos percibir; causas que no podemos entender. La palabra Azar se deriva de una palabra que significa "caer" (como la caída de los dados), la idea es que la caída de los dados (y muchos otros acontecimientos) son simplemente un "suceso" no relacionado con ninguna causa. Y este es el sentido en el que generalmente se emplea el término. Pero cuando se examina el asunto de cerca, se ve que no hay ninguna posibilidad de que caigan los dados. Cada vez que cae un dado, y muestra un cierto número, obedece a una ley tan infalible como la que gobierna la revolución de los planetas alrededor del sol. Detrás de la caída del dado hay causas, o cadenas de causas, que se remontan más allá de lo que la mente puede seguir. La posición del troquel en la caja; la cantidad de energía muscular gastada en el lanzamiento; la condición de la mesa, etc., etc., todas son causas, cuyo efecto puede verse. Pero detrás de estas causas visibles hay cadenas de causas precedentes invisibles, todas las cuales tenían relación con el número de los troqueles que cayeron más arriba.

Si se lanza un dado un gran número de veces, se encontrará que los números mostrados serán aproximadamente iguales, es decir, habrá un número igual de un punto, dos puntos, etc., que aparecerán en primer lugar. Lanza un centavo al aire, y puede caer "cara" o "cruz"; pero haz un número suficiente de lanzamientos, y la cara y la cruz se emparejarán. Esta es la operación de la ley del promedio. Pero tanto el lanzamiento medio como el único caen bajo la Ley de Causa y Efecto, y si fuéramos capaces de examinar las causas precedentes, se vería claramente que es simplemente imposible que el dado caiga de otra manera que lo hizo, en las mismas circunstancias y al mismo tiempo. Dadas las mismas causas, se obtendrán los mismos resultados. Siempre hay una "causa" y un "porqué" en cada evento. Nada "sucede" sin una causa, o más bien una cadena de causas.

Ha surgido cierta confusión en las mentes de las personas que consideran este Principio, por el hecho de que no pudieron explicar cómo una cosa podía causar otra cosa, es decir, ser el "creador" de la segunda cosa. De hecho, ninguna "cosa" causa o "crea" otra "cosa". La causa y el efecto se ocupan meramente de los "acontecimientos". Un "evento" es "lo que viene, llega o sucede, como resultado o consecuencia de algún evento precedente". Ningún acontecimiento "crea" otro acontecimiento, sino que es meramente un eslabón precedente en la gran cadena ordenada de acontecimientos que fluyen de la energía creativa del TODO. Hay una continuidad entre todos los acontecimientos precedentes, consecuentes y posteriores. Existe una relación entre todo lo que ha sucedido antes y todo lo que sigue. Una piedra se desprende de la ladera de una montaña y se estrella contra el techo de una cabaña en el valle de abajo. A primera vista consideramos esto como un efecto fortuito, pero cuando examinamos el asunto encontramos una gran cadena de causas detrás de él. En primer lugar, la lluvia, que ablandó la tierra que sostenía la piedra y la dejó caer; luego de eso estaba la influencia del sol, otras lluvias, etc., que poco a poco desintegraron el pedazo de roca de un pedazo más grande; Luego estaban las causas que condujeron a la formación de la montaña, y su levantamiento por convulsiones de la naturaleza, y así hasta el infinito. Luego podríamos hacer un seguimiento de las causas detrás de la lluvia, etc. En resumen, pronto nos veríamos envueltos en una red de causa y efecto, de la que pronto nos esforzaríamos por salir.

Así como un hombre tiene dos padres, y cuatro abuelos, y ocho bisabuelos, y dieciséis tatarabuelos, y así sucesivamente hasta que, digamos, se calculan cuarenta generaciones, el número de antepasados asciende a muchos millones, lo mismo sucede con el número de causas detrás incluso del evento o fenómeno más insignificante, como el paso de una pequeña mota de hollín ante nuestros ojos. No es fácil rastrear el rastro del trozo de hollín hasta el primer período de la historia del mundo, cuando formaba parte de un enorme tronco de árbol, que más tarde se convirtió en carbón, y así sucesivamente, hasta que, como la mota de hollín, ahora pasa ante tu vista en su camino hacia otras aventuras. Y una poderosa cadena de acontecimientos, causas y efectos, lo llevó a su condición actual, y el último no es más que uno de la cadena de acontecimientos que producirán otros acontecimientos dentro de cientos de años. Uno de la serie de acontecimientos derivados del poquito de hollín fue la escritura de estas líneas, lo que hizo que el tipógrafo realizara cierto trabajo; que el corrector haga lo mismo; y que despertará ciertos pensamientos en tu mente, y en la de otros, que a su vez afectarán a otros, y así sucesivamente, y así sucesivamente, más allá de la capacidad del hombre para pensar más allá, y todo a partir del paso de un poquito de hollín, todo lo cual muestra la relatividad y la asociación de las cosas, y el hecho adicional de que "no hay nada grande; No hay pequeñez en la mente que cause todo".

Detente a pensar un momento. Si cierto hombre no hubiera conocido a cierta doncella, allá en el oscuro período de la Edad de Piedra, ustedes que ahora están leyendo estas líneas no estarían ahora aquí. Y si, tal vez, la misma pareja no se hubiera encontrado, nosotros, que ahora escribimos estas líneas, no estaríamos ahora aquí. Y el acto mismo de escribir, por nuestra parte, y el acto de leer, por nuestra parte, afectará no sólo las vidas respectivas de ustedes y de nosotros mismos, sino que también tendrá un efecto directo, o indirecto, sobre muchas otras personas que viven ahora y que vivirán en las edades venideras. Cada pensamiento que pensamos, cada acto que realizamos, tiene sus resultados directos e indirectos que encajan en la gran cadena de Causa y Efecto.

No deseamos entrar en una consideración del Libre Albedrío, o Determinismo, en este trabajo, por varias razones. Entre las muchas razones, está la principal de que ninguno de los dos lados de la controversia tiene toda la razón, de hecho, ambos lados tienen parcialmente razón, de acuerdo con las Enseñanzas Herméticas. El Principio de Polaridad muestra que ambos no son más que Medias Verdades, los polos opuestos de la Verdad. Las Enseñanzas son que un hombre puede ser a la vez Libre y, sin embargo, estar obligado por la Necesidad, dependiendo del significado de los términos y de la altura de la Verdad desde la cual se examina el asunto. Los escritores antiguos expresan el asunto de la siguiente manera: "Cuanto más lejos está la creación del Centro, más está atada; cuanto más cerca del Centro llega, más libre está".

La mayoría de las personas son más o menos esclavas de la herencia, del medio ambiente, etc., y manifiestan muy poca libertad. Se dejan llevar por las opiniones, costumbres y pensamientos del mundo exterior, y también por sus emociones, sentimientos, estados de ánimo, etc. No manifiestan ninguna Maestría digna de ese nombre. Repudian indignadamente esta afirmación, diciendo: "Vaya, ciertamente soy libre de actuar y hacer lo que me plazca, hago exactamente lo que quiero hacer", pero no explican de dónde surgen el "quiero" y el "como me plazca". Lo que les hace "querer" hacer una cosa con preferencia a otra; ¿Qué hace que "por favor" hagan esto y no hagan aquello? ¿No hay un "porque" para su "complacencia" y "querer"? El Maestro puede cambiar estos "placeres" y "deseos" por otros en el extremo opuesto del polo mental. Es capaz de "querer querer", en lugar de querer, porque algún sentimiento, estado de ánimo, emoción o sugerencia ambiental despierta en él una tendencia o deseo de hacerlo.

La mayoría de las personas son arrastradas como la piedra que cae, obedientes al entorno, a las influencias externas y a los estados de ánimo internos, a los deseos, etc., por no hablar de los deseos y voluntades de otros más fuertes que ellos mismos, la herencia, el entorno y la sugestión, llevándolos sin resistencia de su parte, ni al ejercicio de la Voluntad. Movidos como los peones en el tablero de ajedrez de la vida, cumplen su papel y son dejados a un lado después de que termina el juego. Pero los Maestros, conociendo las reglas del juego, se elevan por encima del plano de la vida material y, poniéndose en contacto con los poderes superiores de su naturaleza, dominan sus propios estados de ánimo, caracteres, cualidades y polaridad, así como el entorno que los rodea y así se convierten en Motores en el juego, en lugar de Peones-Causas en lugar de Efectos. Los Maestros no escapan a la Causalidad de los planos superiores, sino que caen en las leyes superiores y, por lo tanto, dominan las circunstancias en el plano inferior. De este modo, forman parte consciente de la Ley, en lugar de ser meros instrumentos ciegos. Mientras sirven en los planos superiores, gobiernan en el plano material.

Pero, en lo superior y en lo inferior, la Ley está siempre en funcionamiento. No existe el azar. La diosa ciega ha sido abolida por la Razón. Somos capaces de ver ahora, con los ojos aclarados por el conocimiento, que todo está gobernado por la Ley Universal, que el número infinito de leyes no son más que manifestaciones de la Gran Ley Una, la Ley que es EL TODO. Es verdad, en efecto, que ni un gorrión cae inadvertido para la Mente de EL AL, que hasta los cabellos de nuestra cabeza están contados, como han dicho las Escrituras: No hay nada fuera de la Ley; Nada de lo que suceda en contra de ella. Y, sin embargo, no cometas el error de suponer que el hombre no es más que un autómata ciego, ni mucho menos. Las Enseñanzas Herméticas son que el Hombre puede usar la Ley para vencer a las leyes, y que lo superior siempre prevalecerá sobre lo inferior, hasta que por fin haya llegado a la etapa en la que busque refugio en la Ley misma, y se ría de las leyes fenoménicas con desprecio. ¿Eres capaz de comprender el significado interno de esto?

CAPÍTULO XIII

GÉNERO

"El género está en todo; todo tiene sus Principios Masculinos y Femeninos; El género se manifiesta en todos los planos". —El Kybalion.

El gran Séptimo Principio Hermético, el Principio de Género, encarna la verdad de que hay Género manifestado en todo, que los principios Masculino y Femenino están siempre presentes y activos en todas las fases de los fenómenos, en todos y cada uno de los planos de la vida. Llegados a este punto, nos parece oportuno llamar su atención sobre el hecho de que el Género, en su sentido hermético, y el Sexo, en el uso comúnmente aceptado del término, no son lo mismo.

La palabra "Género" se deriva de la raíz latina que significa "engendrar; procrear; para generar; crear; para producir". Un momento de consideración le mostrará que la palabra tiene un significado mucho más amplio y general que el término "Sexo", refiriéndose este último a las distinciones físicas entre los seres vivos masculinos y femeninos. El sexo no es más que una manifestación del Género en un cierto plano del Gran Plano Físico, el plano de la vida orgánica. Deseamos imprimir esta distinción en vuestras mentes, por la razón de que ciertos escritores, que han adquirido una pizca de la filosofía hermética, han tratado de identificar este séptimo principio hermético con teorías y enseñanzas descabelladas y fantasiosas, y a menudo reprensibles, sobre el sexo.

El oficio de Género es únicamente el de crear, producir, generar, etc., y sus manifestaciones son visibles en todos los planos de los fenómenos. Es algo difícil producir pruebas de esto a lo largo de líneas científicas, por la razón de que la ciencia aún no ha reconocido este Principio como de aplicación universal. Pero aún así, se están obteniendo algunas pruebas de fuentes científicas. En primer lugar, encontramos una manifestación distinta del principio de género entre los corpúsculos, iones o electrones, que constituyen la base de la materia, tal como la ciencia conoce ahora a estos últimos, y que formando ciertas combinaciones forman el átomo, que hasta hace poco se consideraba como definitivo e indivisible.

La última palabra de la ciencia es que el átomo está compuesto por una multitud de corpúsculos, electrones o iones (los diversos nombres son aplicados por diferentes autoridades) que giran unos alrededor de otros y vibran en un alto grado e intensidad. Pero se hace la afirmación adjunta de que la formación del átomo se debe realmente a la agrupación de corpúsculos negativos alrededor de uno positivo, los corpúsculos positivos parecen ejercer cierta influencia sobre los corpúsculos negativos, haciendo que estos últimos asuman ciertas combinaciones y así "creen" o "generen" un átomo. Esto está en línea con las más antiguas Enseñanzas Herméticas, que siempre han identificado el principio Masculino del Género con el "Positivo" y el Femenino con los Polos "Negativos" de la Electricidad (así llamados).

Ahora, unas palabras en este punto con respecto a esta identificación. La mente pública se ha formado una impresión enteramente errónea con respecto a las cualidades del llamado polo "Negativo" de la Materia electrificada o magnetizada. Los términos Positivo y Negativo son muy erróneamente aplicados a este fenómeno por la ciencia. La palabra Positivo significa algo real y fuerte, en comparación con una irrealidad o debilidad Negativa. Nada más lejos de los hechos reales de los fenómenos eléctricos. El llamado polo Negativo de la batería es realmente el polo en el que se manifiesta la generación o producción de nuevas formas y energías. No hay nada "negativo" en ello. Las mejores autoridades científicas ahora usan la palabra "Cátodo" en lugar de "Negativo", la palabra Cátodo proviene de la raíz griega que significa "descenso; el camino de la generación, etc.", Del polo del cátodo emerge el enjambre de electrones o corpúsculos; Del mismo polo emergen esos maravillosos "rayos" que han revolucionado las concepciones científicas durante la última década. El cátodo es la madre de todos los extraños fenómenos que han inutilizado los viejos libros de texto y que han hecho que muchas teorías largamente aceptadas queden relegadas a la pila de chatarra de la especulación científica. El cátodo, o polo negativo, es el principio madre de los fenómenos eléctricos y de las formas más finas de materia conocidas hasta ahora por la ciencia. De modo que estamos justificados al negarnos a usar el término "negativo" en nuestra consideración del tema, y al insistir en sustituir la palabra "femenino" por el antiguo término. Los hechos del caso nos confirman en esto, sin tomar en consideración las Enseñanzas Herméticas. Y así, usaremos la palabra "Femenino" en lugar de "Negativo" al hablar de ese polo de actividad.

Las últimas enseñanzas científicas son que los corpúsculos creativos o electrones son femeninos (la ciencia dice que "están compuestos de electricidad negativa", nosotros decimos que están compuestos de energía femenina). Un corpúsculo femenino se desprende de un corpúsculo masculino, o más bien lo deja, y comienza una nueva carrera. Busca activamente la unión con un corpúsculo masculino, siendo impulsada a ello por el impulso natural de crear nuevas formas de Materia o Energía. Un escritor va tan lejos como para usar el término "busca de inmediato, por su propia voluntad, una unión", etc. Este desapego y unión forman la base de la mayor parte de las actividades del mundo químico. Cuando el corpúsculo femenino se une con un corpúsculo masculino, se inicia un cierto proceso. Las partículas femeninas vibran rápidamente bajo la influencia de la energía masculina y giran rápidamente alrededor de esta última. El resultado es el nacimiento de un nuevo átomo. Este nuevo átomo está realmente compuesto de una unión de electrones masculinos y femeninos, o corpúsculos, pero cuando se forma la unión el átomo es una cosa separada, que tiene ciertas propiedades, pero que ya no manifiesta la propiedad de electricidad libre. El proceso de desprendimiento o separación de los electrones femeninos se llama "ionización". Estos electrones, o corpúsculos, son los trabajadores más activos en el campo de la Naturaleza. De sus uniones, o combinaciones, se manifiestan los variados fenómenos de la luz, el calor, la electricidad, el magnetismo, la atracción, la repulsión, la afinidad química y el inverso, y fenómenos similares. Y todo esto surge de la operación del Principio de Género en el plano de la Energía.

La parte del principio masculino parece ser la de dirigir una cierta energía inherente hacia el principio femenino, y así poner en actividad los procesos creativos. Pero el principio femenino es el que siempre hace el trabajo creativo activo, y esto es así en todos los planos. Y, sin embargo, cada principio es incapaz de operar energía sin la ayuda del otro. En algunas de las formas de vida, los dos principios se combinan en un solo organismo. De hecho, todo en el mundo orgánico manifiesta ambos géneros: siempre está presente lo masculino en la forma femenina y en la forma femenina. Las Enseñanzas Herméticas incluyen mucho sobre la operación de los dos principios del Género en la producción y manifestación de diversas formas de energía, etc., pero no consideramos oportuno entrar en detalles sobre esto en este punto, porque no podemos respaldar lo mismo con pruebas científicas, por la razón de que la ciencia aún no ha progresado hasta ahora. Pero el ejemplo que os hemos dado de los fenómenos de los electrones o corpúsculos os mostrará que la ciencia está en el camino correcto, y también os dará una idea general de los principios subyacentes.

Algunos destacados investigadores científicos han anunciado su creencia de que en la formación de los cristales se encontró algo que correspondía a la "actividad sexual", que es otra gota que muestra la dirección en que soplan los vientos científicos. Y cada año traerán otros hechos para corroborar la exactitud del Principio Hermético de Género. Se encontrará que el Género está en constante operación y manifestación en el campo de la materia inorgánica, y en el campo de la Energía o Fuerza. La electricidad es ahora generalmente considerada como el "Algo" en el que todas las demás formas de energía parecen fundirse o disolverse. La "Teoría Eléctrica del Universo" es la doctrina científica más reciente, y está creciendo rápidamente en popularidad y aceptación general. Y de esto se deduce que si somos capaces de descubrir en los fenómenos de la electricidad, incluso en la raíz misma y en la fuente de sus manifestaciones, una prueba clara e inequívoca de la presencia del Género y de sus actividades, estamos justificados para pediros que creáis que la ciencia ha ofrecido por fin pruebas de la existencia en todos los fenómenos universales de ese gran Principio Hermético: el Principio del Género.

No es necesario ocupar su tiempo con los fenómenos bien conocidos de la "atracción y repulsión" de los átomos; afinidad química; los "amores y odios" de las partículas atómicas; la atracción o cohesión entre las moléculas de la materia. Estos hechos son demasiado conocidos para que necesitemos un comentario extenso de nuestra parte. Pero, ¿alguna vez has considerado que todas estas cosas son manifestaciones del Principio de Género? ¿No veis que el fenómeno está "a cuatro patas" con el de los corpúsculos o electrones? Y más que esto, ¿no puedes ver la razonabilidad de las Enseñanzas Herméticas que afirman que la misma Ley de la Gravitación, esa extraña atracción en razón de la cual todas las partículas y cuerpos de materia en el universo tienden unos hacia otros, no es más que otra manifestación del Principio de Género, que opera en la dirección de atraer las energías Masculinas a las Femeninas? ¿Y viceversa? No podemos ofrecerles pruebas científicas de esto en este momento, pero examinen los fenómenos a la luz de las Enseñanzas Herméticas sobre el tema, y vean si no tienen una hipótesis de trabajo mejor que cualquiera ofrecida por la ciencia física. Sométete a prueba todos los fenómenos físicos, y discernirás el Principio de Género siempre en evidencia.

Pasemos ahora a la consideración de la operación del Principio en el Plano Mental. Hay muchas características interesantes a la espera de ser examinadas.

CAPÍTULO XIV

GÉNERO MENTAL

Los estudiantes de psicología que han seguido la tendencia moderna del pensamiento a lo largo de las líneas de los fenómenos mentales, se sorprenden por la persistencia de la idea de la mente dual que se ha manifestado tan fuertemente durante los últimos diez o quince años, y que ha dado lugar a una serie de teorías plausibles acerca de la naturaleza y constitución de estas "dos mentes". El difunto Thomson J. Hudson alcanzó gran popularidad en 1893 al promover su conocida teoría de las "mentes objetiva y subjetiva" que sostenía que existían en cada individuo. Otros escritores han atraído casi la misma atención por las teorías relativas a las "mentes consciente y subconsciente"; las "mentes voluntarias e involuntarias"; "las mentes activas y pasivas", etc., etc. Las teorías de los diversos escritores difieren unas de otras, pero permanece el principio subyacente de "la dualidad de la mente".

El estudiante de la filosofía hermética se siente tentado a sonreír cuando lee y oye hablar de estas muchas "nuevas teorías" con respecto a la dualidad de la mente, cada escuela se adhiere tenazmente a sus propias teorías favoritas, y cada una afirma haber "descubierto la verdad". El estudiante vuelve las páginas de la historia del ocultismo, y en los oscuros comienzos de las enseñanzas ocultas encuentra referencias a la antigua doctrina hermética del Principio de Género en el Plano Mental, la manifestación del Género Mental. Y examinando más a fondo, encuentra que la filosofía antigua tomó conocimiento del fenómeno de la "mente dual" y lo explicó mediante la teoría del género mental. Esta idea del Género Mental puede explicarse en pocas palabras a los estudiantes que están familiarizados con las teorías modernas a las que acabamos de aludir. El Principio Masculino de la Mente corresponde a la llamada Mente Objetiva; Mente Consciente; Mente Voluntaria; Mente activa, etc. Y el Principio Femenino de la Mente corresponde a la llamada Mente Subjetiva; Mente subconsciente; Mente involuntaria; Mente Pasiva, etc. Por supuesto, las Enseñanzas Herméticas no están de acuerdo con las muchas teorías modernas acerca de la naturaleza de las dos fases de la mente, ni admiten muchos de los hechos que se afirman para los dos aspectos respectivos, siendo algunas de las teorías y afirmaciones dichas muy inverosímiles e incapaces de resistir la prueba del experimento y la demostración. Señalamos las fases de acuerdo con el único propósito de ayudar al estudiante a asimilar sus conocimientos previamente adquiridos con las enseñanzas de la Filosofía Hermética. Los estudiantes de Hudson notarán la afirmación al comienzo de su segundo capítulo de "La Ley de los Fenómenos Psíquicos", que: "La jerga mística de los filósofos herméticos revela la misma idea general", es decir, la dualidad de la mente. Si el Dr. Hudson se hubiera tomado el tiempo y la molestia de descifrar un poco de "la jerga mística de la filosofía hermética", podría haber recibido mucha luz sobre el tema de "la mente dual", pero entonces, tal vez, su obra más interesante no habría sido escrita. Consideremos ahora las Enseñanzas Herméticas sobre el Género Mental.

Los Maestros Herméticos imparten su instrucción con respecto a este tema ordenando a sus estudiantes que examinen el informe de su conciencia con respecto a su Ser. Se pide a los estudiantes que dirijan su atención hacia adentro, en el Ser que habita dentro de cada uno. A cada estudiante se le hace ver que su conciencia le da primero un informe de la existencia de su Ser: el informe es "Yo Soy". Al principio, esto parece ser las últimas palabras de la conciencia, pero un examen un poco más profundo revela el hecho de que este "Yo Soy" puede estar separado o dividido en dos partes o aspectos distintos, que mientras trabajan al unísono y en conjunción, sin embargo, pueden estar separados en la conciencia.

Mientras que al principio parece que sólo existe un "yo", un examen más cuidadoso y cercano revela el hecho de que existe un "yo" y un "mí". Estos gemelos mentales difieren en sus características y naturaleza, y un examen de su naturaleza y de los fenómenos que surgen de ellos arrojará mucha luz sobre muchos de los problemas de la influencia mental.

Comencemos con una consideración del Yo, que generalmente es confundido con el Yo por el estudiante, hasta que empuja la investigación un poco más atrás en los recovecos de la conciencia. Un hombre piensa en su Ser (en su aspecto de Mí) como si estuviera compuesto de ciertos sentimientos, gustos, gustos, disgustos, hábitos, lazos peculiares, características, etc., todos los cuales van a conformar su personalidad, o el "Yo" conocido por él mismo y por los demás. Sabe que estas emociones y sentimientos cambian; nacen y mueren; están sujetos al Principio del Ritmo y al Principio de la Polaridad, que lo llevan de un extremo de los sentimientos a otro. También piensa en el "Yo" como un cierto conocimiento reunido en su mente, y por lo tanto formando parte de sí mismo. Este es el "yo" de un hombre.

Pero hemos procedido demasiado apresuradamente. Puede decirse que el "yo" de muchos hombres consiste en gran parte en su conciencia del cuerpo y sus apetitos físicos, etc. Estando su conciencia ligada en gran medida a su naturaleza corporal, prácticamente "viven allí". Algunos hombres incluso van tan lejos como para considerar su ropa personal como parte de su "yo" y en realidad parecen considerarla parte de ellos mismos. Un escritor ha dicho con humor que "los hombres constan de tres partes: alma, cuerpo y ropa". Estas personas "conscientes de la ropa" perderían su personalidad si los salvajes las despojaran de sus ropas con motivo de un naufragio. Pero incluso muchos que no están tan estrechamente ligados a la idea de la vestimenta personal se apegan estrechamente a la conciencia de que sus cuerpos son su "Yo": no pueden concebir un Ser independiente del cuerpo. Su mente les parece ser prácticamente "algo que pertenece a" su cuerpo, lo cual en muchos casos es de hecho.

Pero a medida que el hombre se eleva en la escala de la conciencia, es capaz de desenredar su "yo" de su idea del cuerpo, y es capaz de pensar en su cuerpo como "perteneciente a" la parte mental de él. Pero incluso entonces es muy propenso a identificar el "yo" enteramente con los estados mentales, sentimientos, etc., que siente que existen dentro de él. Es muy propenso a considerar estos estados internos como idénticos a él mismo, en lugar de ser simplemente "cosas" producidas por alguna parte de su mentalidad, y que existen dentro de él, de él y en él, pero todavía no "él mismo". Ve que puede cambiar estos estados internos de sentimientos por todo esfuerzo de voluntad, y que puede producir un sentimiento o estado de una naturaleza exactamente opuesta, de la misma manera, y sin embargo existe el mismo "Yo". Y así, después de un tiempo, es capaz de dejar a un lado estos diversos estados mentales, emociones, sentimientos, hábitos, cualidades, características y otras pertenencias mentales personales, es capaz de dejarlos a un lado en la colección de curiosidades y gravámenes del "no-yo", así como de posesiones valiosas. Esto requiere mucha concentración mental y poder de análisis mental por parte del estudiante. Pero aun así, la tarea es posible para el estudiante avanzado, e incluso aquellos que no están tan avanzados son capaces de ver, en la imaginación, cómo se puede realizar el proceso.

Después de que se haya realizado este proceso de dejar a un lado, el estudiante se encontrará en posesión consciente de un "Yo" que puede ser considerado en sus aspectos duales "Yo" y "Me". El "Yo" será sentido como un Algo mental en el que se pueden producir pensamientos, ideas, emociones, sentimientos y otros estados mentales. Puede ser considerado como el "útero mental", como lo llamaban los antiguos, capaz de generar descendencia mental. Informa a la conciencia como un "Yo" con poderes latentes de creación y generación de progenie mental de todas clases y géneros. Sus poderes de energía creativa se sienten enormes. Pero, aun así, parece estar consciente de que debe recibir alguna forma de energía, ya sea de su compañero "yo", o bien de algún otro "yo", antes de que sea capaz de hacer realidad sus creaciones mentales. Esta conciencia trae consigo la realización de una enorme capacidad para el trabajo mental y la habilidad creativa.

Pero el estudiante pronto descubre que esto no es todo lo que encuentra dentro de su conciencia interior. Descubre que existe un Algo mental que es capaz de querer que el "yo" actúe de acuerdo con ciertas líneas creativas, y que también es capaz de hacerse a un lado y presenciar la creación mental. A esta parte de sí mismo se le enseña a llamar su "yo". Es capaz de descansar en su conciencia a voluntad. No encuentra allí la conciencia de una capacidad de generar y crear activamente, en el sentido del proceso gradual que acompaña a las operaciones mentales, sino más bien una sensación y conciencia de una capacidad de proyectar una energía desde el "yo" al "mí", un proceso de "querer" que la creación mental comience y continúe. También descubre que el "yo" es capaz de hacerse a un lado y presenciar las operaciones de la creación y generación mental del "yo". Existe este aspecto dual en la mente de cada persona. El "Yo" representa el Principio Masculino del Género Mental, el "Yo" representa el Principio Femenino. El "Yo" representa el Aspecto del Ser; el "Yo", el Aspecto del Devenir. Notarás que el Principio de Correspondencia opera en este plano tal como lo hace en el gran plano en el que se realiza la creación de Universos. Los dos son similares en especie, aunque muy diferentes en grado. "Como es arriba, es abajo; como es abajo, es arriba".

Estos aspectos de la mente, los Principios Masculino y Femenino, el "Yo" y el "Yo", considerados en conexión con los fenómenos mentales y psíquicos bien conocidos, dan la llave maestra a estas regiones vagamente conocidas de operación y manifestación mental. El principio del Género

Mental da la verdad que subyace en todo el campo de los fenómenos de la influencia mental, etc.

La tendencia del Principio Femenino es siempre en la dirección de recibir impresiones, mientras que la tendencia del Principio Masculino es siempre en la dirección de dar, salir o expresar. El Principio Femenino tiene un campo de operación mucho más variado que el Principio Masculino. El Principio Femenino lleva a cabo el trabajo de generar nuevos pensamientos, conceptos, ideas, incluyendo el trabajo de la imaginación. El Principio Masculino se contenta con el trabajo de la "Voluntad" en sus variadas fases. Y, sin embargo, sin la ayuda activa de la Voluntad del Principio Masculino, el Principio Femenino tiende a contentarse con generar imágenes mentales que son el resultado de impresiones recibidas del exterior, en lugar de producir creaciones mentales originales.

Las personas que pueden prestar atención y pensamiento continuos a un tema, emplean activamente ambos principios mentales: el femenino en el trabajo de la generación mental, y la voluntad masculina para estimular y energizar la parte creativa de la mente. La mayoría de las personas emplean realmente el Principio Masculino muy poco, y se contentan con vivir de acuerdo con los pensamientos e ideas inculcados en el "Yo" desde el "Yo" de otras mentes. Pero no es nuestro propósito detenernos en esta fase del tema, que puede ser estudiada de cualquier buen libro de texto de psicología, con la clave que les hemos dado acerca del Género Mental.

El estudiante de Fenómenos Psíquicos es consciente de los maravillosos fenómenos clasificados bajo el título de Telepatía; Transferencia de Pensamiento; Influencia Mental; Sugerencia; Hipnotismo, etc. Muchos han buscado una explicación de estas variadas fases de los fenómenos bajo las teorías de los diversos maestros de la "mente dual". Y en cierta medida tienen razón, porque hay claramente una manifestación de dos fases distintas de actividad mental. Pero si tales estudiantes consideran estas "mentes duales" a la luz de las Enseñanzas Herméticas sobre las Vibraciones y el Género Mental, verán que la llave largamente buscada está a la mano.

En los fenómenos de la Telepatía se ve cómo la Energía Vibratoria del Principio Masculino se proyecta hacia el Principio Femenino de otra persona, y ésta toma el pensamiento-semilla y permite que se desarrolle hasta la madurez. De la misma manera opera la Sugestión y el Hipnotismo. El Principio Masculino de la persona que da las sugestiones dirige una corriente de Energía Vibratoria o Fuerza de Voluntad hacia el Principio Femenino de la otra persona, y ésta, al aceptarlo, lo hace suyo y actúa y piensa en consecuencia. Una idea así alojada en la mente de otra persona crece y se desarrolla, y con el tiempo es considerada como la legítima descendencia mental del individuo, mientras que en realidad es como el huevo de cuco colocado en el nido de los gorriones, donde destruye a la legítima descendencia y se hace sentir como en casa. El método normal es que los Principios Masculino y Femenino en la mente de una persona se coordinen y actúen armoniosamente en conjunción entre sí, pero, desafortunadamente, el Principio Masculino en la persona promedio es demasiado perezoso para actuar, la demostración de Fuerza de Voluntad es demasiado leve, y la consecuencia es que tales personas son gobernadas casi completamente por las mentes y voluntades de otras personas. a quienes permiten que piensen y estén dispuestos a hacerlo por ellos. ¿Cuántos pocos pensamientos originales o acciones originales realiza la persona promedio? ¿No son la mayoría de las personas meras sombras y ecos de otros que tienen voluntades o mentes más fuertes que ellos mismos? El problema es que la persona promedio mora casi por completo en su conciencia de "Yo" y no se da cuenta de que tiene tal cosa como un "yo". Está polarizado en su Principio Femenino de la Mente, y el Principio Masculino, en el que está alojada la Voluntad, se le permite permanecer inactivo y no empleado.

Los hombres y mujeres fuertes del mundo manifiestan invariablemente el Principio Masculino de la Voluntad, y su fuerza depende materialmente de este hecho. En lugar de vivir de las impresiones hechas en sus mentes por otros, dominan sus propias mentes por su Voluntad, obteniendo la clase de imágenes mentales deseadas, y además dominan las mentes de otros de la misma manera. Observad a la gente fuerte, cómo se las arreglan para implantar sus pensamientos-semilla en las mentes de las masas populares, haciendo que estas últimas tengan pensamientos de acuerdo con los deseos y voluntades de los individuos fuertes. Esta es la razón por la que las masas de personas son criaturas semejantes a ovejas, que nunca originan una idea propia, ni utilizan sus propios poderes de actividad mental.

La manifestación del Género Mental se puede notar a nuestro alrededor en la vida cotidiana. Las personas magnéticas son aquellas que son capaces de usar el Principio Masculino en la forma de imprimir sus ideas en los demás. El actor que hace llorar o llorar a la gente a su antojo, está empleando este principio. Y también lo es el orador, el estadista, el predicador, el escritor u otras personas exitosas que están ante la atención pública. La influencia peculiar que ejercen algunas personas sobre otras se debe a la manifestación del Género Mental, a lo largo de las líneas vibratorias antes indicadas. En este principio reside el secreto del magnetismo personal, de la influencia personal, de la fascinación, etc., así como de los fenómenos generalmente agrupados bajo el nombre de hipnotismo.

El estudiante que se haya familiarizado con los fenómenos que generalmente se llaman "psíquicos", habrá descubierto el importante papel que desempeña en dichos fenómenos esa fuerza que la ciencia ha llamado "sugestión", término por el cual se entiende el proceso o método por el cual una idea se transfiere a la mente de otra, o se "imprime en" la mente de otra, haciendo que la segunda mente actúe de acuerdo con ella. Es necesaria una correcta comprensión de la sugestión para comprender inteligentemente los variados fenómenos psíquicos en los que subyace la sugestión. Pero aún más es necesario para el estudiante de Sugestión el conocimiento de la Vibración y del Género Mental. Porque todo el principio de la Sugestión depende del principio del Género Mental y de la Vibración.

Es costumbre que los escritores y maestros de la Sugestión expliquen que es la mente "objetiva o voluntaria" la que hace la impresión mental, o sugestión, sobre la mente "subjetiva o involuntaria". Pero no describen el proceso ni nos dan ninguna analogía en la naturaleza por la cual podamos comprender más fácilmente la idea. Pero si pensáis en el asunto a la luz de las Enseñanzas Herméticas, podréis ver que la energización del Principio Femenino por la Energía Vibratoria del Principio Masculino está de acuerdo con las leyes universales de la naturaleza, y que el mundo natural ofrece innumerables analogías por medio de las cuales el principio puede ser comprendido. De hecho, las Enseñanzas Herméticas muestran que la creación misma del Universo sigue la misma ley, y que en todas las manifestaciones creativas, en los planos espiritual, mental y físico, siempre está en funcionamiento este principio de Género, esta manifestación de los Principios Masculino y Femenino. "Como es arriba, es abajo; como es abajo, es arriba". Y más que esto, una vez que se capta y comprende el principio del Género Mental, los variados fenómenos de la psicología se vuelven inmediatamente capaces de una clasificación y un estudio inteligentes, en lugar de estar en la oscuridad. El principio "funciona" en la práctica, porque se basa en las leyes universales inmutables de la vida.

No entraremos en una extensa discusión o descripción de los variados fenómenos de la influencia mental o de la actividad psíquica. Hay muchos libros, muchos de ellos bastante buenos, que se han escrito y publicado sobre este tema en los últimos años. Los hechos principales expuestos en estos diversos libros son correctos, aunque varios escritores han intentado explicar los fenómenos mediante varias teorías favoritas de su propiedad. El estudiante puede familiarizarse con estos asuntos, y mediante el uso de la teoría del Género Mental será capaz de poner orden en el caos de teorías y enseñanzas contradictorias, y podrá, además, convertirse fácilmente en un maestro de la materia si así lo desea. El propósito de este trabajo no es dar una descripción extensa de los fenómenos psíquicos, sino más bien dar al estudiante una llave maestra por medio de la cual puede abrir las muchas puertas que conducen a las partes del Templo del Conocimiento que desee explorar. Creemos que en esta consideración de las enseñanzas de El Kybalion, uno puede encontrar una explicación que servirá para despejar muchas dificultades desconcertantes, una llave que abrirá muchas puertas. ¿De qué sirve entrar en detalles sobre todas las muchas características de los fenómenos psíquicos y de la ciencia mental, siempre que pongamos en manos del estudiante los medios por los cuales pueda familiarizarse plenamente con cualquier fase del tema que pueda interesarle? Con la ayuda de El Kybalion uno puede recorrer de nuevo cualquier biblioteca oculta, la antigua Luz de Egipto ilumina muchas páginas oscuras y temas oscuros. Ese es el propósito de este libro. No venimos a exponer una nueva filosofía, sino más bien a proporcionar los esbozos de una gran enseñanza del antiguo mundo que aclarará las enseñanzas de otros, que servirá como un Gran Reconciliador de teorías diferentes y doctrinas opuestas.

CAPÍTULO XV

AXIOMAS HERMÉTICOS

"La posesión del Conocimiento, a menos que vaya acompañada de una manifestación y expresión en la Acción, es como el acaparamiento de metales preciosos: una cosa vana e insensata. El conocimiento, al igual que la riqueza, está destinado al uso. La ley del uso es universal, y el que la viola sufre a causa de su conflicto con las fuerzas naturales. —El Kybalion.

Las Enseñanzas Herméticas, aunque siempre se han mantenido encerradas en las mentes de los afortunados poseedores de ellas, por las razones que ya hemos expuesto, nunca tuvieron la intención de ser simplemente almacenadas y secretadas. La Ley del Uso es habitada en las Enseñanzas, como puedes ver por referencia a la cita anterior de El Kybalion, que lo dice enérgicamente. El Conocimiento sin Uso y Expresión es una cosa vana, que no trae ningún bien a su poseedor, ni a la raza. Cuídate de la avaricia mental y expresa en acción lo que has aprendido. Estudia los axiomas y aforismos, pero practícalos también.

Damos a continuación algunos de los axiomas herméticos más importantes, de TheKybalion, con algunos comentarios agregados a cada uno. Hazlas tuyas, practícalas y úsalas, porque no son realmente tuyas hasta que las hayas usado.

"Para cambiar tu estado de ánimo o mental, cambia tu vibración". —El Kybalion.

Uno puede cambiar sus vibraciones mentales por un esfuerzo de la Voluntad, en la dirección de fijar deliberadamente la Atención en un estado más deseable. La Voluntad dirige la Atención, y la Atención cambia la Vibración. Cultiva el Arte de la Atención, por medio de la Voluntad, y habrás resuelto el secreto del Dominio de los Modos y Estados Mentales.

"Para destruir una tasa indeseable de vibración mental, pon en funcionamiento el principio de la Polaridad y concéntrate en el polo opuesto al que deseas suprimir. Mata lo indeseable cambiando su polaridad". —El Kybalion.

Esta es una de las más importantes de las Fórmulas Herméticas. Se basa en verdaderos principios científicos. Te hemos demostrado que un estado mental y su opuesto no eran más que los dos polos de una sola cosa, y que por medio de la Transmutación Mental se podía invertir la polaridad. Este principio es conocido por los psicólogos modernos, quienes lo aplican a la ruptura de hábitos indeseables al ordenar a sus estudiantes que se concentren en la cualidad opuesta. Si estás poseído por el Miedo, no pierdas el tiempo tratando de "matar" el Miedo, sino que cultiva la cualidad del Coraje, y el Miedo desaparecerá. Algunos escritores han expresado esta idea de la manera más contundente utilizando la ilustración del cuarto oscuro. No tienes que palear o barrer la Oscuridad, sino simplemente abriendo las persianas y dejando entrar la Luz, la Oscuridad ha desaparecido. Para extinguir una cualidad negativa, concéntrate en el polo positivo de esa misma cualidad, y las vibraciones cambiarán gradualmente de negativa a positiva, hasta que finalmente te polarizarás en el polo positivo en lugar del negativo. Lo contrario también es cierto, como muchos han descubierto para su pesar, cuando se han permitido vibrar demasiado constantemente en el polo negativo de las cosas. Al cambiar tu polaridad, puedes dominar tus estados de ánimo, cambiar tus estados mentales, rehacer tu disposición y construir tu carácter. Gran parte de la Maestría Mental de los Herméticos avanzados se debe a esta aplicación de la Polaridad, que es uno de los aspectos importantes de la Transmutación Mental. Recuerde el Axioma Hermético (citado anteriormente), que dice:

"La mente (así como los metales y los elementos) puede transmutarse de un estado a otro; grado a grado, condición a condición; de polo a polo; vibración a vibración". —El Kybalion.

La maestría de la Polarización es la maestría de los principios fundamentales de la Transmutación Mental o Alquimia Mental, porque a menos que uno adquiera el arte de cambiar su propia polaridad, será incapaz de afectar su entorno. La comprensión de este principio le permitirá a uno cambiar su propia Polaridad, así como la de los demás, si dedica el tiempo, el cuidado, el estudio y la práctica necesarios para dominar el arte. El principio es verdadero, pero los resultados obtenidos dependen de la paciencia persistente y la práctica del estudiante.

"El ritmo puede ser neutralizado por la aplicación del Arte de la Polarización". —El Kybalion.

Como hemos explicado en capítulos anteriores, los hermetistas sostienen que el Principio del Ritmo se manifiesta tanto en el Plano Mental como en el Plano Físico, y que la desconcertante sucesión de estados de ánimo, sentimientos, emociones y otros estados mentales, se deben a la oscilación hacia atrás y hacia adelante del péndulo mental, que nos lleva de un extremo de los sentimientos al otro. Los hermetistas también enseñan que la Ley de Neutralización permite a uno, en gran medida, superar la operación del Ritmo en la conciencia. Como hemos explicado, existe un Plano Superior de Conciencia, así como el Plano Inferior ordinario, y el Maestro, al elevarse mentalmente al Plano Superior, hace que la oscilación del péndulo mental se manifieste en el Plano Inferior, y él, morando en su Plano Superior, escapa a la conciencia de la oscilación hacia atrás. Esto se efectúa polarizándose en el Ser Superior, elevando así las vibraciones mentales del Ego por encima de las del plano ordinario de conciencia. Es similar a elevarse por encima de una cosa y permitir que pase por debajo de ti. El hermetista avanzado se polariza en el Polo Positivo de su Ser, el polo "Yo Soy", en lugar del polo de la personalidad, y al "rechazar" y "negar" la operación del Ritmo, se eleva por encima de su plano de conciencia, y manteniéndose firme en su Declaración de Ser, permite que el péndulo oscile de nuevo en el Plano Inferior sin cambiar su Polaridad. Esto lo logran todos los individuos que han alcanzado algún grado de autodominio, ya sea que entiendan la ley o no. Tales personas simplemente "se niegan" a dejarse mover por el péndulo del estado de ánimo y la emoción, y al afirmar firmemente la superioridad, permanecen polarizadas en el polo positivo. El Maestro, por supuesto, alcanza un grado mucho mayor de habilidad, porque comprende la ley que está superando por medio de una ley superior, y por el uso de su Voluntad alcanza un grado de Equilibrio y Firmeza Mental casi imposible de creer por parte de aquellos que se dejan balancear hacia atrás y hacia adelante por el péndulo mental de los estados de ánimo y los sentimientos.

Recuerda siempre, sin embargo, que en realidad no destruyes el Principio del Ritmo, porque éste es indestructible. Simplemente se supera una ley contrarrestándola con otra y así se mantiene un equilibrio. Las leyes del equilibrio y del contrapeso están en funcionamiento tanto en el plano mental como en el físico, y la comprensión de estas leyes permite a uno parecer que derroca a las leyes, mientras que sólo está ejerciendo un contrapeso.

"Nada escapa al Principio de Causa y Efecto, pero hay muchos Planos de Causalidad, y uno puede usar las leyes de lo superior para vencer las leyes de lo inferior". —El Kybalion.

Mediante la comprensión de la práctica de la Polarización, los Hermetistas se elevan a un plano superior de Causalidad y así contrarrestan las leyes de los planos inferiores de Causalidad. Al elevarse por encima del plano de las causas ordinarias, se convierten ellos mismos, en cierto grado, en causas en lugar de ser meramente causadas. Al ser capaces de dominar sus propios estados de ánimo y sentimientos, y al ser capaces de neutralizar el Ritmo, como ya hemos explicado, son capaces de escapar a una gran parte de las operaciones de Causa y Efecto en el plano ordinario. Las masas populares son arrastradas, obedientes a su entorno; las voluntades y deseos de otros más fuertes que ellos mismos; los efectos de las tendencias heredadas; las sugerencias de los que los rodean; y otras causas externas; que tienden a moverlos en el tablero de ajedrez de la vida como meros peones. Al elevarse por encima de estas causas influyentes, los hermetistas avanzados buscan un plano superior de acción mental, y al dominar sus estados de ánimo, emociones, impulsos y sentimientos, crean para sí mismos nuevos caracteres, cualidades y poderes, por medio de los cuales superan su entorno ordinario, y así se convierten prácticamente en jugadores en lugar de meros peones. Tales personas ayudan a jugar el juego de la vida con comprensión, en lugar de ser movidas de una manera u otra por influencias, poderes y voluntades más fuertes. Utilizan el Principio de Causa y Efecto, en lugar de ser utilizados por él. Por supuesto, incluso los más elevados están sujetos al Principio tal como se manifiesta en los planos superiores, pero en los planos inferiores de actividad, son Amos en lugar de Esclavos. Como dice el Kybalion:

"Los sabios sirven a los superiores, pero gobiernan a los inferiores. Obedecen las leyes que vienen de arriba de ellos, pero en su propio plano, y en los que están por debajo de ellos, gobiernan y dan órdenes. Y, sin embargo, al hacerlo, forman parte del Principio, en lugar de oponerse a él. El hombre sabio cae en la Ley, y al comprender sus movimientos, la opera en lugar de ser su esclavo ciego. Del mismo modo que el nadador diestro gira de un lado a otro, yendo y viniendo a su antojo, en lugar de ser como el tronco que se lleva de aquí para allá, así es el hombre sabio en comparación con el hombre ordinario, y sin embargo, tanto el nadador como el tronco; el hombre sabio y el necio, están sujetos a la Ley. Aquel que entiende esto está bien encaminado hacia la Maestría." —El Kybalion.

En conclusión, permítanos llamar su atención nuevamente sobre el axioma hermético:

"La Verdadera Transmutación Hermética es un Arte Mental." —El Kybalion.

En el axioma anterior, los hermetistas enseñan que el gran trabajo de influir en el entorno de uno se lleva a cabo mediante el Poder Mental. Siendo el Universo enteramente mental, se deduce que sólo puede ser gobernado por la Mentalidad. Y en esta verdad se encuentra una explicación de todos los fenómenos y manifestaciones de las diversas facultades mentales que están atrayendo tanta atención y estudio en estos primeros años del siglo veinte. Detrás y bajo las enseñanzas de los diversos cultos y escuelas, permanece siempre constante el Principio de la Substancia Mental del Universo. Si el Universo es Mental en su naturaleza sustancial, entonces se sigue que la Transmutación Mental debe cambiar las condiciones y fenómenos del Universo. Si el Universo es Mental, entonces la Mente debe ser el poder más elevado que afecta a sus fenómenos. Si se entiende esto, entonces todos los llamados "milagros" y "maravillas" se ven claramente por lo que son.

"EL TODO es MENTE; El Universo es Mental". —El Kybalion.

FINISH